කවදා නම් අපි
නිදහස් වෙමුද?

පූජ්‍ය කිරිබත්ගොඩ ඤාණානන්ද ස්වාමීන් වහන්සේ

චතුරාර්ය සත්‍යාවබෝධයට ධර්ම දේශනා....

කවදා නම් අපි නිදහස් වෙමුද?

පූජ්‍ය කිරිබත්ගොඩ ඤාණානන්ද ස්වාමීන් වහන්සේ

නව මුද්‍රණය : ශ්‍රී බු.ව. 2555 ක් වූ ඉල් මස පුන් පොහෝ දින

ISBN : 978-955-0614-62-2

- පරිගණක අකුරු සැකසුම, පිටකවර නිර්මාණය සහ ප්‍රකාශනය -

මහාමේඝ ප්‍රකාශකයෝ

වඩුවාව, යටිගල්ඔළුව, පොල්ගහවෙල.

දුර : 037 4942069, 077 3216685

info@mahameghapublishers.com | www.mahameghapublishers.com

- මුද්‍රණය -

ලීඩ්ස් ග්‍රැෆික්ස් (පුද්.) සමාගම,

අංක 356 E, පන්නිපිටිය පාර, තලවතුගොඩ.

චතුරාර්ය සත්‍යාවබෝධයට ධර්ම දේශනා....

කවදා නම් අපි නිදහස් වෙමුද?

පූජ්‍ය කිරිබත්ගොඩ ඤාණානන්ද ස්වාමීන් වහන්සේ
විසින් පවත්වන ලද සදහම් වැඩසටහන් වලදී දේශනා කරන ලද සූත්‍ර දේශනා ඇසුරෙනි.

මහාමේඝ ප්‍රකාශනයකි

පෙළගැස්ම....

"දසබලසේලප්පභවා නිබ්බානමහාසමුද්දපරියන්තා
අට්ඨංග මග්ගසලිලා ජිනවචනනදී චිරං වහතූති"

දසබලයන් වහන්සේ නමැති ශෛලමය පර්වතයෙන් පැන නැගී
අමා මහා නිවන නම් වූ මහා සාගරය අවසන් කොට ඇති
ආර්ය අෂ්ටාංගික මාර්ගය නම් වූ සිහිල් දිය දහරින් හෙබි
උතුම් ශ්‍රී මුඛ බුද්ධ වචන ගංගාව
(ලෝ සතුන්ගේ සසර දුක නිවාලමින්)
බොහෝ කල් ගලාබස්නා සේක්වා!

(සළායතන සංයුත්තය - උද්දාන ගාථා)

නමෝ තස්ස භගවතෝ අරහතෝ සම්මාසම්බුද්ධස්ස
ඒ භාග්‍යවත් අරහත් සම්මා සම්බුදුරජාණන් වහන්සේට නමස්කාර වේවා!

01. ගද්දූලබද්ධ සූත්‍රය

(සංයුත්ත නිකාය 3 - පුප්ඵ වර්ගය)

බුදුරජාණන් වහන්සේ විසින් මේ සූත්‍රය දේශනා කරන ලද්දේ සැවැත් නුවරදීයි. (ගද්දූල කියන්නේ බලු දම්වැලටයි.) දම්වැලකින් බැඳුණු බලු කුක්කෙකු උපමාවක් ලෙස ගනිමින්, මැනැවින් තේරුම් කොට දුන් දේශනය. මෙහිදී අපට ලෝක ධර්මතාවය ගැන ඉගෙනගන්නට පුළුවන්කම ලැබෙනවා.

සංසාර ගමනේ කෙළවරක් දකින්න බැහැ...

බුදුරජාණන් වහන්සේගේ අවබෝධය හරිම පුදුම එකක්. මේ වගේ දැනුමක් ලෝකෙ වෙන කාටවත් තිබුණේ නැහැ. බලන්න, උන්වහන්සේගේ දේශනාව.....

"මහණෙනි, මේ ලෝක සත්වයින්, ඉපදෙමින් මැරෙමින් යන මේ සසර ගමනේ කෙළවරක් පණවන්න බැහැ. එහි පටන්ගත් තැනක් හොයන්නට බැහැ. මේ සංසාර ගමන ඒතරම්ම දීර්ඝ එකක්..."

දීර්ඝ ගමන හිමිවුණේ කාටද...?

මේ දීර්ඝ ගමන හිමිවුණේ අවිද්‍යාවෙන් වැසුණු, තණ්හාවෙන් බැඳුණු සත්වයාටයි. ඒ කියන්නේ අපටයි. උන්වහන්සේ විසින් අපට මෙහි දීර්ඝභාවය නොයෙක් අයුරින් පෙන්වා දෙනු ලබනවා.

මුහුද සිඳුනද, පර්වත වැනසුනද, පොළොව දැවුනද, ගමන නවතී ද...?

මේ මහා සාගරය සම්පූර්ණයෙන්ම හිඳිලා, වේලිලා ගිහින් නැත්තටම නැතිවෙන දවසක් එනවා. ඒ තරම් ජලස්කන්ධයක් හිඳිලා යන දවසක් ආවත්, අවිද්‍යාවෙන් වැසුණු, තණ්හාවෙන් බැඳුණු සත්වයාගේ සංසාර ගමන නම් ඒ විදිහට අවසන් වෙන්නේ නෑ.

උන්වහන්සේ තවත් උපමාවකින් මේ විදිහට පැහැදිලි කරදෙනු ලබනවා. මහාමේරු පර්වතය නැත්තටම නැතිවෙලා යන කාලයක් එනවා. නමුත් අවිද්‍යාවෙන් වැසුණු, තණ්හාවෙන් බැඳුණු සත්වයාගේ සංසාර ගමන නම් ඒ විදිහට අවසන් වෙලා යන්නේ නැහැ. දුකේ අවසන්වීමක් නම් වෙන්නේ නැහැ.

නැවතත් උන්වහන්සේ පැහැදිලි කරනවා, ඒ වගේම මේ මහ පොළොව රත්වෙලා, ගිනි අරගෙන, දැවී පිළිස්සී, දූවිලි බවට පත්වෙලා, සුන්වෙලා යන දවසක් එන බව. එතකොට 'පෘථිවිය' කියන නම පවා අතුගෑවිලා යන දවසක් එළඹෙන නමුත්, අවිද්‍යාවෙන් වැසුණු, තණ්හාවෙන් බැඳුණු සත්වයින්ගේ සංසාර ගමන නිමාවක් වෙන දවසක් නම් එන්නේ නැහැ. දුක කෙළවර වෙන්නේ නැහැ.

එහෙම නම් අප හසුවී ඉන්නේ පුංචි ගමනකට නොවෙයි. 'සංසාරයේ ඉතා දිගු කලක් ගමන් කළා' කියලා, ඒ හේතුව නිසා සංසාරයෙන් නිදහස්වීමක් වෙන්නේ නැහැ. කල්ප කෝටියක් සංසාරේ ගමන් කරලා, ඒ කල්ප කෝටියකට පස්සේ ගමන ඉවර වෙලා, සංසාරෙන් මිදෙනවා කියලා දෙයක් සිදුවෙන්නේ නැහැ. එය සිතින් සිතාගන්නවත් බැරි අභාග්‍ය සම්පන්න දීර්ඝ චාරිකාවක්.

මෝඩකමට කියන කතා...

මේ නිමක් නොවෙන චාරිකාව ගැන නොදන්නාකම නිසාම සමහරු කියනවා, 'ඔක්කොම අය නිවන් දැක්කොත් මොකද වෙන්නේ? කවදාහරි දවසක සියලුදෙනාම නිවන් දකින්න ඕන නේද?' කියලා. මේ සියල්ල කිසි තේරුමක් නැති බොරු කතා බව බුදුරජාණන් වහන්සේගේ ධර්මයෙන් අපට පැහැදිලි වෙනවා. මහා සාගරයටත් කාලයක් තියෙනවා. ඒ කාලය ඉවර වුණාම සාගරය නැතිවෙලා යනවා. මහ පොළොවටත් කාලයක් තියෙනවා. ඒ කාලය ගෙවුණාම පෘථිවිය වැනසී යනවා. පර්වතයක් වුණත් කලකදී වැනසෙනවා. නමුත් අවිද්‍යාවෙන් වැසුණු, තණ්හාවෙන් බැඳුණු සත්වයා විසින් නිරන්තරව හේතු සෑදීම නිසා, සසර සකස් වෙමින් යන සසර ගමන නතර වෙන්නේ නැහැ. ගැටළුව එයයි.

හුරතල් කතා කියලා හරියන්නේ නෑ...

මනුෂ්‍ය වර්ගයා ගැන ස්නේහයක් අනුකම්පාවක් තිබේ නම්, ඔවුන් හට අවිද්‍යාවෙන් මිදෙන හැටි තණ්හාවෙන් නිදහස් වෙන හැටි නේද පැහැදිලි කර දිය යුතු වන්නේ? අනෙක් කිසිම දෙයක් වැඩක් වෙන්නේ

නැහැ. හුරතල් කතා කියලා ප්‍රයෝජනයක් වෙන්නේ නැහැ. මේතරම් දුරක් ආවේ අවිද්‍යාවෙන් හා තණ්හාවෙන් නම්, ඒ දෙකෙන් නිදහස් වෙන අයුරුයි මනුෂ්‍යයාට පෙන්වා දිය යුතු වෙන්නේ.

ලොකු කණුවයි, තඩි දම්වැලයි, පොඩි බල්ලයි...

අවිද්‍යාවෙන් වැසී, තණ්හාවෙන් බැඳුණු සත්වයා මුහුණදී ඇති ගැටළුවේ බරපතල තත්වය ගැන බුදුරජාණන් වහන්සේ උපමාවක් අරගෙන විස්තර කර දෙනවා. මේ තත්වය හරියට විශාල කණුවක, ලොකු දම්වැලකින් ගැට ගැසූ චූටි බලු කුක්කෙකු වගේ කියලා උන්වහන්සේ පෙන්වා දෙනවා. එතකොට ඒ බලු පැටියා ඇවිදින තරමක් ඇවිදින්නේ ඒ කණුව වටේමයි. ලැගලා ඉන්නේ ඒ කණුව වටේමයි. නිදන්නෙත් ඒ කණුව ළඟයි. පෙරලෙන්නේ ඒ කණුව අසලමයි. ඒ වගේ අවිද්‍යාවෙන් වැසුණු, තණ්හාවෙන් බැඳුණු සත්වයින්ටත් ගැලවීමක් නම් නැහැ. ඔවුන් කල්ප කාලාන්තරයක් තිස්සේ කැරකෙන්නේ එකම තැනකයි. 'අවිද්‍යාව' නමැති කණුවේ 'තණ්හාව' කියන බලු දම්වැලෙන් බඳින ලද මේ පුංචි බලු කුක්කා වගේ තමයි, 'අශ්‍රැතවත් පෘථග්ජනයාත්' කියලා බුදුරජාණන් වහන්සේ විසින් පෙන්වා දෙනවා.

අශ්‍රැතවත් පෘථග්ජනයා...

අශ්‍රැතවත් කියන්නේ... ධර්මය අසා නැති, ධර්මය පිළිබඳව නොදන්නා කෙනාටයි. පෘථග්ජනයාගේ ලක්ෂණ තුනක් තියෙනවා.

1. අරියානං අදස්සාවි

2. අරිය ධම්මස්ස අකෝවිදෝ

3. අරියධම්මේ අවිනීතෝ

1. අරියානං අදස්සාවි -

මේ පුද්ගලයාට ආර්ය දර්ශනය නැහැ. ආර්ය දර්ශනය නැති කෙනා බුදු, පසේබුදු, මහරහතන් වහන්සේලා ලෝකය දෙස බලන පිළිවෙල ඉගෙනගෙන නැහැ. ඒ ගැන දන්නේ නැහැ. ආර්ය දර්ශනය ලබන්නට නම් බුදු, පසේබුදු, මහරහතන් වහන්සේ නමක් මුණ ගැසෙන්න ඕන. එසේ නැත්නම් ශ්‍රී සද්ධර්මය මුණ ගැහෙන්න ඕන. එහෙම මුණ ගැසුණු විට තමයි, ජීවිතය තුළ තිබෙන සැබෑ තත්වය දැනගැනීමට හැකි වෙන්නේ. අන්න ඒ දැනගැනීමටයි, 'ආර්ය දර්ශනය' කියලා කියන්නේ.

එහෙනම් අපේ රටේ විශාල පිරිසක් අයත් වෙන්නේ ධර්මය මුණ ගැසුණේ නැති කොටසට නේද?

2. අරියධම්මස්ස අකෝවිදෝ -

ඒ ආර්ය ධර්මය, නිවන කරා යන ධර්මය තේරෙන්නේ නැහැ. ධර්මයට සවන් දුන්නත් තේරුම් ගන්නට බැහැ. එයා අදක්ෂයි.

සාමාන්‍ය ජීවිතයේදී කෙනෙකුට ගණනක් කියාදෙනවා කියලා හිතමු. එයාට ඒක තේරෙන්නේ නැත්නම් අපි කියනවා, 'එයා අදක්ෂයි' කියලා. 'මොන මෝඩයෙක්ද' කියලත් කියනවා. ධර්මයටත් ඒ වගේ තමයි. බුදුරජාණන් වහන්සේගේ ධර්මය තේරුම් ගන්නට දක්ෂකම තිබිය යුතුයි. ඒ දක්ෂකම නැති කෙනාට ආර්ය ධර්මය තේරුම් ගන්නට බැහැ.

ආර්ය ධර්මයට දක්ෂයෝ සහ අදක්ෂයෝ...

මාගන්දිය බමුණටයි, බැමිණියටයි ලස්සන දුවෙක් හිටියා. ඒ දූගේ ලස්සනට ගැලපෙන කෙනෙකුට දුවව විවාහ කරදීමට දෙමව්පියෝ ගොඩාක් වෙහෙසුණා. දවසක් මාගන්දිය බමුණා බුදුරජාණන් වහන්සේව දැක්කා. දැකලා කල්පනා කළා, 'මේ තමයි දුවව සරණපාවා දෙන්න සුදුසුම කෙනා' කියලා. ඉතින් ඉක්මණට ගෙදර ගිහින් අම්මවයි, දුවවයි එක්කරගෙන ආවා. එනකොට බුදුරජාණන් වහන්සේ නැහැ. වටපිටාව බොහොම පිළිවෙලට තිබුණා. බුදුරජාණන් වහන්සේගේ පා සටහනකුත් තිබුණා. මේ දිහා බලලා බැමිණිය ප්‍රකාශ කළා,

"මේ තැනැත්තා නම් මේ ලෝකෙට බැඳෙන කෙනෙක් වෙන්න බෑ..."

ටිකකින් බුදුරජාණන් වහන්සේ වැඩම කළා. බමුණා සන්තෝෂයෙන් දුවත් එක්ක බුදුරජාණන් වහන්සේ ළඟට ඇවිත් කියනවා,

අතින් තියා පයින්වත් ස්පර්ශ කරන්නේ නෑ...

"පින්වත් තරුණය, මෙන්න ඉන්නවා ලස්සන තරුණියක්. පැන් වඩලා ඇයව විවාහ කර දෙන්නයි, දූන් අපි ලෑස්ති වෙන්නේ." බුදුරජාණන් වහන්සේ ඒ තරුණිය දිහා බලලා කියනවා,

"මේ ශරීරය කියන්නේ අසූචි පුරවපු භාජනයක් වගේ. මම නම් පයින්වත් ස්පර්ශ කරන්න කැමති නෑ."

ඒ කිව්ව ගමන්ම අම්මගෙයි, තාත්තගෙයි ඇස්

දෙක ඇරුණා. අන්න ඒකයි ධර්මයට දක්ෂකම කියන්නේ. බමුණා නැවත අහනවා,

"එහෙනම් මේ සිල් රකිමින් ජීවිතය ගෙවන්නේ වෙන ලෝකයක් පතාගෙනද...?"

මාගන්දියාට වුණේ බලු කුක්කාට වෙච්ච වැඩේමයි...

ඊට පස්සේ බුදුරජාණන් වහන්සේ ඒ තුන් දෙනාටම, ලෝකය ගැන ඇත්ත තත්වය පහදා දුන්නා. ඒ අසා තේරුම්ගෙන අම්මා, තාත්තා දෙදෙනාම සසුන්ගත වුණා. පසු කාලයකදී රහත් භාවයට පත්වුණා. නමුත් දුවට ඒ ධර්මය තේරුම් ගන්නට පුළුවන් වුණේ නැහැ. ඇය ආර්ය ධර්මයට අදක්ෂ තැනැත්තියක් වුණා. එයාගේ ශරීරයට නින්දා කළා කියලා හිතලා, පළිගැනීමට ගිහින් අපාගත වුණා. එයාටත් කණුවේ ගැට ගහපු බලු කුක්කෙකුට වගේ බේරෙන්න බැරිව ගියා. එහෙම නැතුව ශරීරය ගැන ප්‍රකාශ වුණ දෙයෙහි ඇත්තක් තියෙනවද කියලා නිහතමානී ලෙස හොයන්න උත්සාහ කළා නම්, එයා අපාගත නොවන්න ඉඩ තිබුණා. ආර්ය ධර්මයට අදක්ෂ වුණොත් අපටත් වෙන්නේ මේ ටිකමයි.

3. අරියධම්මේ අවිනීතෝ -

ආර්ය ධර්මයේ හික්මෙන්නේ නෑ. මේ ශ්‍රේෂ්ඨ ධර්මය තේරුම් අරගෙන, මේ තුළ හික්මෙන්නට ඕන. එවැනි කෙනෙකුට තමයි සංසාර දුකෙන් අත්මිදෙන්නට අවස්ථාව තියෙන්නේ. මේ ලක්ෂණ නැති පුද්ගලයා ධර්මය තුළ හික්මෙන්නේ නැහැ. දම්වැලෙන් බැඳුණු බල්ලා වගේ එයාට නිදහස් වීමකුත් නැහැ.

අශ්‍රැතවත් පෘථග්ජනයා කියන්නේ කවුද යන වග දැන් අපට පැහැදිළියි. දම්වැලෙන් බැඳුණු බලු කුක්කා කණුව වටේ එක තැන කැරකෙන්නා වාගේම, පෘථග්ජනයා ද සක්කාය දිට්ඨිය වටා කැරකෙමින් සිටින බව බුදුරජාණන් වහන්සේ විසින් පෙන්වාදෙනු ලබනවා.

සක්කාය දිට්ඨිය

දිට්ඨිය යනු දැඩිව ගත් මතයයි. සක්කාය කියා කියන්නේ 'මමය, මාගේය, මට අයිතියි'යන ආකල්පයටයි. ආත්ම දෘෂ්ටිය කියන්නෙත් එයටමයි. සක්කාය දිට්ඨිය තුළ තමාව පමණක් දර්ශනය වනුයේ, ආර්ය ධර්මය නැති, එය නොතේරෙන, ඒ තුළ නොහික්මුණු කෙනාටයි. සක්කාය දිට්ඨිය නැතිවෙන්නේ සෝවාන් මාර්ගඵලයට පත්වුණහමයි.

සක්කාය දිට්ඨිය ඉවත් කරගැනීමට නම් මුලින්ම සක්කාය දිට්ඨිය ගැන දැනගත යුතු වෙනවා. නොදන්නා දෙයක් නැතිකිරීම කළ නොහැකි දෙයක්. අපේ ඇඳුමකට මඩ ටිකක් ගෑවිලා කියලා දැක්කොත් ඒක හෝදලා අයින් කරගන්නට පුළුවන්. නමුත් මඩ ගෑවුණු බව දන්නේ නැත්නම් පිරිසිදු කරගන්නට බැරි වෙනවා. අප මේ අනන්ත වූ සංසාර ගමනේ දුක් විඳිමින් යන්නේ ද මේ වගේ ප්‍රශ්නයක් තිබෙන බව නොදකින නිසයි.

සක්කාය දිට්ඨිය හොල්මනක්...

සක්කාය දිට්ඨිය හරියට හොල්මන් කතාවක් වගෙයි. ඔන්න අපි පාළු ගෙදරක ඉන්නවා කියලා හිතමු. කෙනෙකුට අපට කාමරයක් පෙන්නලා ඒ තුළ හොල්මන් අවතාර ඇති බවක් කියනවා. ඉන්පසුව අපටත් ඒ

කාමරය ළඟට යන්න බයක් ඇතිවෙනවා නේද? මේක අපේ හිතට කලින් තිබුණ ප්‍රශ්නයක් නොවෙයි. අර වගේ ප්‍රකාශයක් නිසයි අපේ හිතට සැකයක් ඇතිවුණේ. ඊට පස්සේ ගහකින් කොළයක් වැටුණත්, සද්දයක් ඇහුණත්, හෙවණැල්ලක් වැටුණත්, සතෙක් කෑ ගැසුවත් අපිව සසල වෙනවා. නමුත් හොඳින් බුද්ධිය පාවිච්චි කරමින් ඒ ගැන කල්පනාකාරීව විමසුවොත් තේරුම් යනවා, අපටම ලොකු වැරදීමක් සිදුවෙලා ඇති බව. සත්‍ය තත්වය තමා තුළින්ම තේරුම් ගත් විගසින් හොල්මන් සංකල්පය බැහැර වෙලා යනවා. සක්කාය දිට්ඨියෙන් බැහැර වීමත්, අන්න ඒ වගේ තමයි. බුද්ධිමත් තැනැත්තා විසින්, තමා කියන හැඟීම ගැන හොඳින් විමසමින් බලන විට එවැනි දෙයක් නැති බවත් එය සම්පූර්ණ බොරුවක් බවත් තේරුම් ගනු ලබනවා.

නොදන්නා, නොපෙනෙන දෙයක් දුරුකරන්නේ කොහොමද...?

අපි පූජාවක් තියෙනවා කියා සිතමු. පූජාව තියලා, හොල්මනට මේ පූජාව බාර අරගෙන 'අපට කරදර නොකර එළියට යන්න' කියා කියනවා. එහෙම නම් අප විසින් හොල්මන පිළිඅරගෙන ඉවරයි. එළියට ගිය හොල්මනට 'ඔතන ඉන්න එපා.. වෙන තැනකට යන්න' කියලා කියනවා. මේ හැම අවස්ථාවකදීම අපට වරදිනවා. ඒ ඔක්කොම අප කරන්නේ හොල්මන පිළිගැනීම නිසයි. සක්කාය දිට්ඨියත් ඒ වගෙයි. පිළිගත්තොත් වරදිනවා. පිළිගැනීමකින් තොරවමයි, ඒ දිහා බැලිය යුතු වන්නේ. බුද්ධිමත් කෙනාට මෙය කරන්නට පුළුවන්. 'මගේ හිතේ සක්කාය දිට්ඨිය දුරුවේවා!' කියලා හිතාගෙන

භාවනා කළාට කිසි දවසක එය දුරුවෙන්නේ නැහැ. එහෙම වෙන්න නම් සක්කාය දිට්ඨිය ගැන දැනගෙන අවබෝධයෙන් යුතුව භාවනා කළ යුතුයි. නොදන්නා, නොපෙනෙන දෙයක් කිසිම දවසක දුරු කරන්න නම් බැහැ.

එහෙම නම් සක්කාය දිට්ඨිය හොඳින් පැහැදිළි කරගෙන, එය නුවණින් විමසමින් තේරුම්ගත යුතුයි. එවිට එය දෘෂ්ටියක් මිසක සැබෑවක් නොවන බව අවබෝධ වෙනවා. ඒ ලෙසින් නුවණ මෙහෙයවමින් තමා කියන ආකල්පයෙන් නිදහස් වීම කළ යුතුමයි. නැත්නම් අපට හැමදාමත් දුක තුළ තමයි ඉන්නට සිදුවෙන්නේ.

දුක්ඛ ආර්ය සත්‍යය

බුදුරජාණන් වහන්සේගේ පළමු දේශණයේදී දුක ගැන විස්තර වුණ හැටි ඔබට මතක ඇති. ඉපදීම දුකකි, ජරාවට පත්වීම දුකකි, මරණයට පත්වීම දුකකි, රෝග පීඩාවන්ට පත්වීම දුකකි, අප්‍රිය වස්තූන්, අප්‍රිය පුද්ගලයන් හා එක්වීම දුකකි, ප්‍රිය වස්තූන්, ප්‍රිය පුද්ගලයින්ගෙන් වෙන්වීම දුකකි, කෙටියෙන් කීවොත් පංච උපාදාන ස්කන්ධයම දුකකි. මේ උපාදාන ස්කන්ධ පහේ තමයි, බලු කුක්කා දම්වැලෙන් බැඳී ඉන්නා සේම, අපිත් බැඳී සිටින්නේ.

උපාදාන ස්කන්ධ පහ

රූප, වේදනා, සංඥා, සංඛාර, විඤ්ඤාණ යනු පංච උපාදාන ස්කන්ධයයි. සරලව හඳුන්වනවා නම්...

1. සතර මහා ධාතූන්ගෙන් හටගත් දේ

2. විඳීම

3. හඳුනාගැනීම

4. චේතනාත්මකව කර්ම සකස් වීම

5. විඤ්ඤාණය

මෙම උපාදාන ස්කන්ධ පහ තමයි දුක. උපාදාන ස්කන්ධ පහ සහ දුක

- සතර මහා ධාතූන්ගෙන් හටගත් යමක් ඇද්ද එය දුකට අයිතියි.
- විඳින්නා වූ යමක් ඇද්ද එය දුකට අයිතියි.
- හඳුනාගන්නා වූ යමක් ඇද්ද එය දුකට අයිතියි.
- රැස්වෙන්නා වූ යම් කර්මයක් ඇද්ද එය දුකට අයිතියි.
- හටගන්නා වූ යම් විඤ්ඤාණයක් ඇද්ද එය දුකට අයිතියි.

මුලාවෙන් වෙළී... ආශාවෙන් බැඳී...

බුදුරජාණන් වහන්සේගේ ධර්මය දන්නේ නැති, තේරුම්ගන්නේ නැති, ඒ තුළ හික්මෙන්නේ නැති කෙනා මේවා පටලවා ගන්නවා. මුලාවට පත්වෙනවා. එසේ මුලාවෙනවට කියන්නේ අවිද්‍යාවයි. මුලාවෙන නිසා ඇලෙනවා. ඇලෙනවාට කියන්නේ තණ්හාවයි. පෘථග්ජනයා ජීවිතය ගෙවනුයේ මේ ආකාරයටයි. ඔහු සිටිනුයේ මුලාවෙන් වෙළී, ආශාවෙන් බැඳී.

පංච උපාදාන ස්කන්ධය තුළ සිරවී...

අවිද්‍යාවත්, තණ්හාවත් නිසා දුකත් සමඟින්, උපාදාන ස්කන්ධ පහ වටේ තමයි පෘථග්ජනයා ඇවිදිමින් සිටින්නේ. බලු කුක්කා ලොකු දම්වැලෙන් කණුවේ බැඳී සිටින්නා සේම, පෘථග්ජනයා ද මේ උපාදාන ස්කන්ධ පහටම බැඳී සිටිනවා. ඔහුට ඉක්මවා යා නොහැකි වී තිබෙන්නේ ද මේ පංච උපාදාන ස්කන්ධයමයි.

විසි ආකාරයක මුලාව...

උපාදාන ස්කන්ධ පහ නිසා හතර ආකාරයකින් අපට වරදින බව, පැටලෙන බව බුදුරජාණන් වහන්සේ විසින් අපට පහදා දෙනවා. රූපය හතර ආකාරයකින්, වේදනාව හතර ආකාරයකින්, සංඥාව හතර ආකාරයකින්, සංඛාර හතර ආකාරයකින්, විඤ්ඤාණය හතර ආකාරයකින් වශයෙන් ආකාර විස්සකින් අපට මුලාවට පත්කරනු ලබනවා. එනම් විසි ආකාරයකට අප වැරදි විදිහට දකිනවා. ඒ කියන්නේ හොල්මන්වල ඇත්ත තත්වය කවදාහරි තේරුම්ගන්නා තුරු අපට පීඩා ගෙන දෙනවා. ඇත්ත තත්වය නුවණින් තේරුම් ගත්තොත් සියලු පීඩා නැතිවෙනවා. නමුත් සාමාන්‍ය කෙනා කොයි ආකාරයකින් බැලුවත්, විසි ආකාරයකින් වැරදි ලෙසටම පේන්න ගන්නවා. වැරදි ආකාරයකින් තේරුම් ගන්නවා. කොහෙන් බැලුවත් 'මම' කියලා පේනවා. 'මගේ, මට කැමති ආකාරයට මෙහෙයවිය හැකියි' කියලා පේනවා. ඒක තමයි හොල්මන. ඇත්ත ආකාරය නොවෙයි අපි දකින්නේ. විදර්ශණා වඩමින් සත්‍ය තත්වය දැක්ක දවසට 'තමා' ලෙස වැරදියට පෙනෙන අසත්‍යය දුරුවී යනවා.

රූප

රූප කියන්නේ පඨවි, ආපෝ, තේජෝ, වායෝ කියන සතර මහා ධාතුන්ගෙන් හටගත් දෙයටයි. ඇස, කණ, නාසය, දිව, කය හටගෙන තිබෙන්නේ සතර මහා ධාතුන්ගෙන්. ඇහැට පෙනෙන රූප හටගෙන තිබෙන්නේ සතර මහා ධාතුන්ගෙන්. කණට ඇසෙන ශබ්ද හටගෙන තිබෙන්නේ සතර මහා ධාතුන්ගෙන්. නාසයට දැනෙන ගඳ සුවඳ, දිවට දැනෙන රසය, කයට දැනෙන පහස හට අරගෙන තියෙන්නේ සතර මහා ධාතුන්ගෙන්.

හරියට තේරුම් නොගත්තොත් අමාරුවේ වැටෙනවා...

සතරමහා ධාතුන්ගෙන් හටගත් දේවල්වල ලක්ෂණය නම්, ඇතිවීම, වෙනස් වෙමින් පැවතීම හා නැති වී යාමයි. එහෙනම් ඒ ලක්ෂණය ඇසටත්, කණටත්, නාසයටත්, දිවටත්, කයටත්, රූපයටත්, ශබ්දයටත්, ගන්ධයටත්, රසයටත්, පහසටත් උරුමයි. නමුත් අපට පේන්නේ එහෙම නොවෙයි නේද? අපට පේන්නේ තමා කියල ආත්ම දෘෂ්ටියෙන්. බුදුරජාණන් වහන්සේගේ ධර්මය දැනගෙන, තේරුම් අරගෙන, එහි හික්මුණේ නැත්නම් අපට රූපය හතර ආකාරයකින් වැරදි ලෙස පේන්න ගන්නවා.

අශ්‍රැතවත් පෘථග්ජනයා රූපය වැරදි ආකාරයට දකින හැටි

1. රූපය තමා ලෙස පෙනේ.

2. තමා සෑදී ඇත්තේ රූපවලින් ලෙස පෙනේ.

3. තමා තුළ රූපය ලෙස පෙනේ.

4. රූපය තුළ තමා ලෙස පෙනේ.

1. රූපය තමන්

රූපය තමා හැටියට පේන්න ගන්නවා. ඒ කියන්නේ, සතර මහා ධාතූන්ගෙන් සෑදුණු සියලු දේ තමා හැටියට පේනවා. ඇස, කණ, නාසය, දිව, කය... රූප, ශබ්ද, ගන්ධ, රස, ස්පර්ශ සියල්ල 'තමන්' කියලා පේනවා. මේ රූප හටගෙන තියෙන්නෙ සතර මහා ධාතූන්ගෙන් බව එයාට පේන්නේ නෑ. අප හිතෙන් පිහිටුවාගෙන ඉන්නවා 'තමා' කියලා යමක්. නමුත් එය යථාර්ථය නොවෙයි. එය බොරුවක්. මේ බොරුව ඔස්සේ තමයි අප කල්ප ගණන් ගෙවාගෙන මෙච්චර දුර ආවේ. මේ විදිහට අපේ සිත් තුළ කල්ප ගණන් මුල් බැසගෙන නිදහස් වෙන්න බැරිව තිබුණු ප්‍රශ්නයකුයි බුදුරජාණන් වහන්සේ විසින් මේ අපූරුවට පහදා දෙන්නේ.

රූපය යනු සතර මහා ධාතූන්ගෙන් හටගත් අනිත්‍ය ධර්මයට අයිති දෙයක් මිස 'තමා' නොවන වග යම් දවසක අපට තේරුම්ගන්නට පුළුවන්කම ලැබුණොත්, එදාට දම්වැලකින් ලොකු කණුවකට බැඳී එක තැන කැරකෙන්නට වෙන්නේ නෑ.

2. තමන් සෑදී ඇත්තේ රූපයෙන්

සමහරු රූපය 'මම' කියා පිළිගන්නේ නෑ. මිනිස්සු ඇතිවෙනවා පේනවා, නැතිවෙනවා පේනවා. ඒ නිසා තමා ලෙස ගන්නේ නෑ. නමුත් ඔහු හිතනවා, 'තමා කියා කෙනෙක් සතර මහා ධාතූන්ගෙන් සෑදී ඇති බව'. ඔන්න එතකොට ආයෙත් හොල්මනකට, බොරුවකට

අහුවෙනවා. එයා හිතනවා, 'සතර මහා ධාතූන්ගෙන් තමා සෑදී තිබීම හේතුවෙන් මේ සියලු දුක් විඳින්නට සිදුව ඇත' කියා. සතර මහා භූතයන්ගේ ඇත්ත තත්වය හඳුනා නොගෙන 'තමා' කියලා දෙයක් හැදිලා තියෙන බව හිතන්නේ මුලාවීමක් නිසයි. සතර මහා ධාතූන් ගෙන් හැදෙන්නේ රූපයක් මිස තමා නොවෙයි. රූපය යනු අනිත්‍ය වූ දෙයක්. එය කිසිසේත්ම තමා නොවෙයි. මෙන්න මේ තේරුම් ගැනීමට අප පැමිණිය යුතුයි.

3. තමා තුළ රූපය

සතර මහා භූතයන්ගෙන් හටගන්නා ලද දේවල් ඇත්තේ තමා තුළ යයි සිතීම ඊළඟ මුලාවීමයි. තමා කියල දෙයක් තුළ සතර මහා ධාතූන්ගෙන් හටගත් දේ තිබිය හැකිද යන්න නුවණින් විමසිය යුතුයි. සතර මහා ධාතූන් යනු, ඇති වී නැති වී යන දෙයක්. එවැනි දෙයක් තමා තුළ ඇතැයි සිතීම මෝඩකමක් නේද? බුද්ධිය හසුරුවමින් මේ තේරුම් ගැනීමට අප පැමිණිය යුතුයි.

4. රූපය තුළ තමන්

'සතර මහා ධාතූන්ගෙන් හටගත් රූපය තුළ තමා ඇත' යන කල්පනාව ඊළඟ බොරුවයි. ඇති වී නැති වී යන දෙයක් තුළ තමා කියලා කෙනෙක් කොහෙන්ද? ඒ තුළ ආත්මයක් තිබිය නොහැකියි. මේ අවබෝධයට අප පැමිණිය යුතුයි.

මේ පෙන්වා දුන් දෘෂ්ටි හතරෙන්ම නිදහස් විය හැකියි. ඒ සඳහා රූපය කුමක්ද කියා නිවැරදිව දැකිය යුතුයි. එවිට ප්‍රශ්නය හමාරයි.

රූපය අවබෝධ කරමු... හොල්මන් පළවා හරිමු...

රූපය හටගත්තේ සතර මහා ධාතූන්ගෙන්. සතර මහා ධාතූන්ගේ ලක්ෂණ නම්, හටගැනීමක් පේනවා, වෙනස් වෙමින් පැවතීමක් පේනවා, වැනසීමක් පේනවා. එහෙනම් සතර මහා ධාතූන්ගෙන් හටගත් දෙයක් හැටියට ඇස, කණ, නාසය, දිව, කය දැක්කා නම්..., රූපය, ශබ්දය, ගඳ සුවඳ, රස, පහස දැක්කා නම්..., තමා ලෙස සැලකූ, අනුන් යයි සැලකූ, අතීතයේ නැතිවී ගිය, වර්තමානයේ හටගෙන තිබෙන, අනාගතයේ තවම හට නොගත්තා වූ, ගොරෝසු - සියුම්, යහපත් - අයහපත්, දුර-ළඟ රූපස්කන්ධය දැක්කා නම්, එවිට රූපය නිවැරදි ආකාරයෙන් අවබෝධ වෙනවා ඇත. තවදුරටත් රූපය 'තමා, තමා හැඳුණේ රූපයෙන්, තමා තුළ රූපය, රූපය තුළ තමා' යන පට්ටපල් බොරු හතරට සිත මුලා නොවී, තමා යයි දෙයක් මේ තුළ කිසිසේත් නැති බව අවබෝධ වීමෙන්, ශක්තිය ලැබී, දම්වැල පුපුරා ගොස්, කණුව පෙරළී ගොස්, බලු කුක්කා පින් ඇත්තා ලෙස නිදහස ලබයි.

විඳීම

විඳීම් තුනක් තියෙනවා. ඒ තමයි සැප විඳීම, දුක් විඳීම හා මධ්‍යස්ථ විඳීම. අපට බොහෝ සෙයින් දැනෙන කාරණා තමයි මේ. දුක් වේදනා එනකොට ඒ ගැන අප තැවෙනවා. සැප වේදනාවක් එනකොට ඒක බදා ගන්නවා. සැපක් කියලා දෙයක් ඇති නිසා තමයි අපි ඒකට ඇලිලා ඉන්නේ. අපට වැඩිපුර දැනෙන්නේ දුක නම්, මීට කලින් එපා වෙන්න ඕන නේද? ඒත් අපට එපාවෙලා නෑ. දැන් තමයි මේ කාරණා ටික ටික අල්ලා

ගන්න උත්සාහ කරන්නේ. ඒකත් බලෙන් තමයි දෙන්නේ. හරියට පොඩි ළමයින්ට බෙහෙත් පොවනවා වගේ. විඳීම ගැනත් නිවැරදිව තේරුම් ගැනීමට අප දක්ෂ විය යුතුයි.

විඳීම හටගන්නේ ආයතන හය ඔස්සේ. ඒ කියන්නේ ඇස, කණ, නාසය, දිව, කය, සිත කියන හය ඔස්සේ තමයි විඳීමක් තිබෙන්නේ.

'මම විඳිනවා' කියන එක විශාල රැවටීමක්....

බුදුරජාණන් වහන්සේ පෙන්වා දෙනවා, විඳීමක් ඇතිවෙන්නේ ස්පර්ශය නිසයි කියලා. **(ඵස්ස පච්චයා වේදනා)** නමුත් අප හිතන්නේ, 'මේ සැප, දුක්, උපේක්ෂා විඳින්නේ තමන් නේද?' කියා. බුදුරජාණන් වහන්සේ පැහැදිලි කර දෙනවා, මෙය හේතුවක් නිසා ඇතිවුණු ඵලයක් බව. 'විඳීම' කියන ඵලය ඇතිවුණු හේතුව තමයි ස්පර්ශය. එහෙම නම් මේ ධර්මය තුළින් තමයි අපට අවබෝධ වෙන්නේ, විඳීම 'මම' කරන දෙයක් නොව, එය ස්පර්ශය නිසා ඇතිවෙන දෙයක් බව. මම විඳිනවා කියන එක විශාල රැවටීමක් බව මෙයින් අපට තේරුම් යනවා.

ස්පර්ශය

ස්පර්ශය කියන්නේ එකතු වීමටයි. විඳීම ඇතිවීමට කාරණා තුනක් එකතු වෙනවා. අපට ඇසක් නැත්නම් රූප පේන්නේ නැහැ. ඇහැ වසාගෙන ඉන්න වෙලාවට රූප පේන්නේ නැහැ. එහෙම නම් අවශ්‍ය එක කාරණයක් තමයි ඇස. අනෙක් කාරණේ තමයි රූප. ඇහෙන් පේන්න නම් රූප තිබිය යුතුයි. (ආලෝකය ලැබුණු) දැන් සමහර වෙලාවට අප ඇස් ඇරගෙන නිදාගන්නවා නේද? ඒ වෙලාවට ඇසත් තියෙනවා, රූපත් තියෙනවා.

නමුත් පේන්නේ නැහැ. එහෙම වෙන්නේ ඇසත්, රූපයත් සමඟ සිත ක්‍රියාත්මක නොවුණු නිසයි. එහෙම නම් අවශ්‍ය වෙන අනෙක් කාරණේ තමයි සිත. ඇසත්, රූපත් තියෙනවා නම්, සිත ක්‍රියාත්මක නම්, ඇසේ සිත හටගන්නවා. මේ කරුණු තුනේ එකතුවට තමයි ස්පර්ශය කියන්නේ. ශබ්දය ඇහෙන්නෙත් ස්පර්ශයෙන්. ඒ සඳහා කණක් තියෙන්න ඕන, ශබ්දයක් ඇතිවෙන්න ඕන. අප නිදාගෙන ඉන්න වෙලාවට කවුරුහරි කතා කළොත් අපට ඒක ඇහෙන්නේ නෑ. එතැනදි කණත්, ශබ්දයත් එක්ක කණේ සිත හටගත්තේ නැහැ. එහෙනම් ශබ්දයක් ඇසෙන්න නම්... කණත්, ශබ්දයත් සමඟ කණේ විඤ්ඤාණය හටගත යුතු වෙනවා. ගඳසුවඳ දැනෙන්නටත්, රස දැනෙන්නටත්, පහස දැනෙන්නටත්, ඒ වගේ ස්පර්ශය ඇති විය යුතුයි. සිතට සිතුවිල්ලක් දැනෙන්න නම්... සිතයි, සිතුවිල්ලයි එකතු වුණාම අප ඒ බව දැනගන්නවා. අන්න ඒ දැනගැනීම තමයි සිතෙහි ඇතිවෙන විඤ්ඤාණය.

- ඇසයි, රූපයි, විඤ්ඤාණයයි එකතු වුණාම රූප පේනවා.
- කණයි, ශබ්දයයි, විඤ්ඤාණයයි එකතු වුණාම ශබ්ද ඇහෙනවා.
- නාසයයි, ගඳ සුවඳයි, විඤ්ඤාණයයි එකතු වුණාම ගඳ සුවඳ දැනෙනවා.
- දිවයි, රසයයි, විඤ්ඤාණයයි එකතු වුණාම රස දැනෙනවා.
- කයයි, පහසයි, විඤ්ඤාණයයි එකතු වුණාම පහස දැනෙනවා.

- සිතයි, සිතුවිලියි, විඤ්ඤාණයයි එකතු වුණාම සිතුවිලි දැනෙනවා.

මෙන්න මේ කාරණා තුන එකතු වුණ ගමන් (ස්පර්ශ වුණු ගමන්) විඳීමක් ඇතිවෙනවා. රූප විඳිනවා, ශබ්ද විඳිනවා, ගඳ සුවඳ විඳිනවා, රස විඳිනවා, පහස විඳිනවා, සිතුවිලි විඳිනවා. මේ විඳීම ස්පර්ශය නිසා ඇතිවූවක් බව නොදැන විඳීමට හතර ආකාරයකින් මුලාවෙන ආකාරය බුදුරජාණන් වහන්සේ විසින් පෙන්වාදෙනු ලබනවා.

අශ්‍රැතවත් පෘථග්ජනයා විඳීම වැරදි ආකාරයට දකින හැටි...

1. විඳීම තමා ලෙස පෙනේ.

2. විඳින දෙයින් තමා සෑදී ඇතැයි ගනී.

3. විඳීම තමා තුළ ඇති ලෙස ගනී.

4. විඳීම තුළ තමා ඇති ලෙස ගනී.

1. විඳීම තමන්

ධර්මයෙහි අදක්ෂ පුද්ගලයා විඳීම 'තමා' ලෙස ගන්නවා. ඇසෙන් විඳින රූප, කණින් විඳින ශබ්ද, නාසයෙන් විඳින ගඳසුවඳ, දිවෙන් විඳින රස, කයෙන් විඳින පහස, සිතින් විඳින සිතුවිලි, 'තමා' ලෙස ගන්නවා. මේ විඳීම කාරණා තුනක් එකතු වීම නිසා ඇතිවුණු දෙයක් මිස, 'තමන් විඳින දෙයක්' නොවන බව එයාට වැටහෙන්නේ නැහැ.

'තමා විඳින දෙයක් නැති බවත්, විඳීම හේතුවක් නිසා ඇතිවුණ ඵලයක් ය' කියන තේරුම් ගැනීමට අප

පැමිණිය යුතුයි.

2. තමන් සෑදී ඇත්තේ විඳීමෙන්

ළඟට විඳින දෙයින් තමන් නිර්මාණය වී ඇතැයි සිතයි. ඇස, කණ, නාසය, දිව, කය, සිතෙන් විඳින දේවල් වලින් තමයි 'මම' කියලා කෙනෙක් හැදිලා තියෙන්නේ කියන වැරදි හැඟීමකට එනවා.

ස්පර්ශයෙන් ඇතිවෙන්නේ විඳීමක් මිස තමන් නොවන බව වැටහුණොත් තවදුරටත් බොරුවක් තුළ ඉන්නට වෙන්නේ නැහැ.

3. තමන් තුළ විඳීම

'තමා තුළ විඳීමක් ඇත' යන වැරදි වැටහීමකට එනවා. ස්පර්ශය නිසා ඇතිවන විඳීම, තමා තුළ ඇති විඳීමක් ලෙස ගැනීමත් මුලාවක්.

4. විඳීම තුළ තමන්

විඳීම තුළ සිටින්නේ තමා යයි රැවටෙනවා. ස්පර්ශය නිසා ඇතිවෙන විඳීමක් තුළ 'මම' කියා කෙනෙක් සිටිය නොහැකියි. මේ බව නොදැන රැවටෙනවා.

ඇලීමක් ඇතිවුණා නම් ඒ විඳීමක් නිසාමයි...

ආර්ය ධර්මයේ අදක්ෂයා මේ විදිහට හතර ආකාරයකින් වේදනාව තුළ මුලාවී පැටලෙනවා. ඇලීමක් ඇතිවුණොත්, ඒ ඇතිවෙලා තියෙන්නේම විඳීමක් නිසයි. විඳීම හරියාකාරව අවබෝධ වුණොත් ඇලීමක් ඇතිවෙන්නේ නැහැ, ගැටීමක් ඇති වෙන්නෙත් නැහැ. අපට පේන්නේ 'මට සැපයි... මට දුකයි...' කියලනේ.

මේ සිතුවිල්ල මැඩගෙන හොඳින් විමසුවොත්, විඳීම තුළ තියෙන මේ හොල්මන් හතරම අයින් කරන්න පුළුවන්.

බලු කුක්කා නිදහස්...

විඳීම හටගත්තේ ස්පර්ශයක් නිසා බව තේරුම් ගියොත්, තමා ලෙස සැලකූ, අනුන් ලෙස සැලකූ, අතීතයේ නැතිවී ගිය, වර්තමානයේ ඇති වී තිබෙන, අනාගතයේ තවම හට නොගත්තා වූ, ගොරෝසු-සියුම්, යහපත්-අයහපත්, දුර-ළඟ වේදනා ස්කන්ධය තේරුම් ගියොත්, විඳීම තුළ 'මම' කියා කෙනෙක් නැති බව වැටහී, වේදනාව නිවැරදි ලෙස අවබෝධ කළා වෙනවා. ඊට පස්සේ නම්, 'එයා වේදනාව තමා, තමා හැදිලා තියෙන්නේ වේදනාවෙන්, තමා තුළ වේදනාව, වේදනාව තුළ තමා' කියන ප්‍රෝඩාවට අහුවෙන්නේ නැහැ. ආයේ නම් එක තැන කැරකැවෙන්න දම්වැලත් නෑ, කණුවත් නෑ, බලු කුක්කා නිදහස්.

හඳුනාගැනීම

රූප, ශබ්ද, ගඳ සුවඳ, රස, පහස, සිතුවිලි තමයි අපි හඳුනාගන්නේ. මේ හඳුනාගැනීමත් හේතුවක් නිසා ඇතිවන දෙයක්. ඒ හේතුව තමයි 'ස්පර්ශය'. ස්පර්ශය කියන හේතුව නිසා හඳුනාගැනීම කියන ඵලය ඇතිවෙනවා.

- ඇසයි, රූපයයි, සිතයි එකතුවීමෙන් (ස්පර්ශයෙන්) රූප හඳුනාගන්නවා.
- කණයි, ශබ්දයයි, සිතයි එකතුවීමෙන් (ස්පර්ශයෙන්) ශබ්ද හඳුනාගන්නවා.

- නාසයයි, ගඳ සුවඳයි, සිතයි එකතුවීමෙන් (ස්පර්ශයෙන්) ගඳ සුවඳ හඳුනාගන්නවා.
- දිවයි, රසයයි, සිතයි එකතුවීමෙන් (ස්පර්ශයෙන්) රස හඳුනාගන්නවා.
- කයයි, පහසයි, සිතයි එකතුවීමෙන් (ස්පර්ශයෙන්) පහස හඳුනාගන්නවා.
- සිතයි, සිතුවිලියි, දැනීමයි එකතුවීමෙන් (ස්පර්ශයෙන්) සිතුවිලි හඳුනාගන්නවා.

ගැටගහමුද...? ගැටේ ලිහමුද...?

මේ විදිහට එකතුවීම නිසා හඳුනාගැනීමක් ඇති වෙන බව දන්නේ නැත්නම්, හඳුනාගැනීමට මුලාවෙනවා. මුලාවෙලා අමාරුවේ වැටෙනවා. බුදුරජාණන් වහන්සේ පෙන්නා දෙනවා, හඳුනාගැනීමට ඇලෙන විට ගැට ගැසෙන බවත්, හඳුනාගැනීමෙන් නිදහස් වෙන කොට ගැටේ ලිහෙන බවත්. ගැට ගැහෙන්නෙ යළි උපතක් පිණිසයි. ගැටේ ලිහෙනවා නම් යළි උපතක් නැහැ.

හඳුනාගැනීමක් ඇතිවෙන්නේ ස්පර්ශය නිසා බව තේරෙන්නේ නැති කෙනා, ඒ කියන්නේ ආර්ය ධර්මයට අදක්ෂයා හතර ආකාරයකින් හඳුනාගැනීම තුළ වල්මත් වෙනවා.

අශ්‍රැතවත් පෘථග්ජනයා හඳුනාගැනීම වැරදි ආකාරයට දකින හැටි...

1. හඳුනාගැනීම තමා විදිහට ගන්නවා.
2. හඳුනාගත් දෙයින් තමන් සෑදුන බව සිතනවා.

3. හඳුනාගැනීම තමා තුළ යයි ගන්නවා.

4. හඳුනාගැනීම තුළ තමා ඇතැයි ගන්නවා.

තමා කියා කෙනෙක් කොහෙන්ද...?

හේතුඵල දෙක නොදන්නා අය මේ ආකාරයට හතර ආකාරයකින් ගැට ගැහෙනවා. ස්පර්ශය නිසා ඇතිවෙන හඳුනාගැනීමක් තුළ තමා කියා කෙනෙක් කොහෙන්දැයි විමසන්නට ඒ අයට ශක්තියක් නැහැ.

අපි හඳුනාගන්න දේ හරියට හඳුනාගෙන නැති නිසා අපට පේන්නෙම නිත්‍ය වශයෙන් **(නිච්ච සංඥා)** පේන්නෙම ලස්සනටයි. **(සුභ සංඥා)** සැපක්ම තියෙන බව පේනවා. **(සුඛ සංඥා)** තමා කියලා කෙනෙක් ඉන්නවා කියලයි හඳුනගන්නේ. **(අත්ත සංඥා)** මේ අමාරුවේ දැමීමට ප්‍රතිවිරුද්ධ දෙයක් අප විසින් ඇරඹිය යුතුයි.

හරියටම හඳුනා ගනිමු...

අනිත්‍ය දේ අනිත්‍ය වශයෙන්ම හඳුනාගනිමු. දුක් දේ දුක් විදිහටම හඳුනාගනිමු. අසුභ දේ අසුභ ලෙසටම හඳුනාගනිමු. තමාගෙන් තොර දෙය තමාගෙන් තොර බවටම හඳුනාගනිමු.

එහෙම වුණොත්...

1. හඳුනාගැනීම තමා ලෙසට ගන්නෙත් නෑ.
2. හඳුනාගත් දෙයින් තමන් නිර්මාණය වෙලා තියෙනවා කියා ගන්නෙත් නෑ.
3. හඳුනාගැනීම ඇත්තේ තමා තුළ කියලා ගන්නෙත් නෑ.

4. හඳුනාගැනීම තුළ ඉන්නේ තමා කියලා ගන්නෙත් නෑ.

මේ හොල්මන් හතර හරියට හඳුනගත්තොත් බයකුත් නෑ.

"ඩෙංගු උණ එන්න බෑ... මම භාවනායෝගියෙක්.."

එක්තරා අයෙකු ආනාපානසතිය වඩලා, කයට විධාන කළා 'ඩෙංගු උණ එහෙම හදන්න බෑ' කියලා. ඒ වගේ වැරදි දෘෂ්ටි එන්නේ, කය තමා ලෙස වැරදියට හඳුනාගැනීම නිසයි. භාවනාවෙන් තමාගේ කයේ ලෙඩ හොඳ කරන්න උත්සාහ කරනවා නම්, එහෙම කරන්නේ ශරීරය 'මගේ' කියලා ගත්තු නිසයි. ඒක තමයි සක්කාය දිට්ඨිය. සක්කාය දිට්ඨියක ඉඳගෙන සෝතාපන්න වෙන්න භාවනා කරලා හරියනවද? ආත්ම දෘෂ්ටියේ ලක්ෂණය තමයි 'හඳුනාගන්න දේ මේ විදිහට තියෙන්න ඕන. මේ විදිහට තියෙන්න එපා' කියලා අපට ඕන විදිහට සකස් කරගැනීමට ඇති කැමැත්ත. නමුත් එහෙම වෙන්නේ නෑ. අනාත්මයි. ඒ බව තේරුම් ගත් දවසක හඳුනාගැනීම තුළ තිබුණු හොල්මනට උන් හිටි තැනක් සොයා ගැනීමට නොහැකි වෙනවා.

හඳුනාගත්තොත් බලු කුක්කා...

හඳුනාගැනීම ඇතිවන්නේ ස්පර්ශයක් නිසා මිසක්, 'මම' කියා කෙනෙක් එතැනට අදාල නැති බවත්, තමා යයි සැලකූ, අනුන් යයි සැලකූ, අතීතයේ නිරුද්ධ වී ගිය, වර්තමානයේ හටගෙන තිබෙන, අනාගතයේ තවම හට නොගත්තා වූ, සියුම්-ගොරෝසු, යහපත් අයහපත්, දුර-ළඟ හඳුනාගැනීම් සංඥා ස්කන්ධය ලෙස හඳුනාගෙන එහි යථාර්ථය දැක්කොත් නම් සක්කාය දිට්ඨියෙන් නිදහස්

වෙන්න පුළුවන්.

තඩි දම්වැලෙන්, ලොකු කණුවක බැඳී හුන් බලුකුක්කා හඳුනාගැනීම හරියට අවබෝධ කරගත්තොත් නම් දම්වැලද ගස්සාගෙන, කණුවෙන් ලිස්සා ගොස් නිදහස් වෙයි.

සංඛාර

සංඛාර යන්නෙහි අදහස නම් කර්ම සකස් වීමයි. කර්ම කියල කියන්නේ විපාක පිණිස යමක් සකස් වීමයි. විපාක පිණිස යමක් සකස්වීම සිදුකරනු ලබන්නේ චේතනාව විසිනුයි.

සිත... සිතන තැනයි...

චේතනාවක් නිතරම පවතිනුයේ අරමුණක් මුල්කරගෙනයි. අරමුණක් අනුව චේතනාව පහළ වෙන්නේ සිත තුළයි. සිත තිබෙන්නේ කොහිද? සිත ඇත්තේ සිතන තැනයි. අපට සිත හටගන්නා තැන් හයක් තියෙනවා. ඇස, කණ, නාසය, දිව, කය, සිත යන ස්ථාන හයේම සිත පහළ වෙනවා. එහෙම නම් මේ ස්ථාන හයේදීම අරමුණක් මුල් කරගනිමින් චේතනාව ඇතිවෙනවා.

- ඇසෙන් රූපයක් බලාගෙන චේතනාව ඇතිවෙනවා.
- කණෙන් ශබ්දයක් අසමින් චේතනාව ඇතිවෙනවා.
- නාසයෙන් ගඳ සුවඳක් ලබමින් චේතනාව ඇතිවෙනවා.
- දිවෙන් දැනෙන රසයක් නිසා චේතනාව ඇතිවෙනවා.

- කයෙන් පහසක් ලබමින් චේතනාව ඇතිවෙනවා.
- සිතට දැනෙන සිතුවිල්ලක් නිසා චේතනාව ඇතිවෙනවා.

චේතනාවකින් හැදෙනුයේ භවයයි. තවත් පැහැදිළි කළොත්... චේතනාවක් ඇතිවුණ ගමන්ම විපාක පිණිස කර්ම සකස් වී හමාරයි. මෙය සිදුවීමක් විනා කරන කෙනෙක් ඇත්තේ නැහැ. චේතනාත්මකව කර්ම සකස් වීම (සංඛාර) හේතුවක් නිසා ඇතිවෙන ඵලයකුයි. චේතනාව ඇතිවීමට හේතුව විමසා බලමු.

චේතනාවට හේතුව...

ඇසට රූපයක් පෙනුනහම චේතනාවක් ඇති වෙනවා. ඇසට රූප පෙනෙන්නේ ඇසයි, රූපයයි, සිතයි එකතු වුණාමයි. එහෙනම් චේතනාවක් පහළ වී තිබෙන්නෙත් මේ කරුණු තුන එකතු වීම නිසයි. ඒ වගේම ශබ්දයට අනුව චේතනාව ඇතිවෙන්නේ කණයි, ශබ්දයයි, සිතයි එකතු වීමෙනුයි. ගඳ-සුවඳට අනුව චේතනාව ඇතිවෙන්නෙත්, රසයට අනුව චේතනාව ඇතිවෙන්නෙත්, පහසට අනුව චේතනාව ඇතිවෙන්නෙත්, සිතුවිලිවලට අනුව චේතනාව ඇතිවෙන්නෙත් මේ ආකාරයේ එකතු වීමක් (ස්පර්ශය) නිසයි. මේ අනුව චේතනාව යන ඵලය හට අරගෙන තිබෙනුයේ 'ස්පර්ශය' නැමති හේතුව නිසා බව පැහැදිලියි.

මොන චේතනා පහළ වුණත්, හැදෙන්නේ භවයයි...

ස්පර්ශයේ අනිත්‍යය දකින්නේ නැතිව චේතනාවේ (සංඛාර) අනිත්‍යය දකින්නත් බෑ. අනිත්‍ය වීමටත් හේතුවක්

තිබෙනවා. අනිත්‍ය වීමට හේතුව තමයි, අනිත්‍ය වූ දේවල් වලින් හටගෙන තිබීම. ඒ බව නොදන්නා කෙනා, 'අනිත්‍යයි... අනිත්‍යයි...' කියා සිතීමෙන් ප්‍රයෝජනයක් වෙන්නේ නැහැ. එහෙනම් චේතනාවෙන් කර්මය සාදා දෙනවා. කර්මය විසින් විපාක පිණ්ඩ යළි යළිත් සකස් කර දෙනවා. මේ ලක්ෂණ දිගටම පවත්වා ගෙන ගියොත් ගැලවීමක් ඇත්තේ නැහැ. චේතනාවද අනිත්‍ය වූ දෙයක් බව වටහා ගත යුතුයි. මේ ගැන නොදන්නා කෙනා හතර ආකාරයකින් මුළාවට පත්වෙනවා.

අශ්‍රැතවත් පෘථග්ජනයා චේතනාව වැරදි ආකාරයට දකින හැටි....

1. සංස්කාර තමා කියා සිතනවා.
2. තමා සෑදී තිබෙන්නේ සංඛාරයෙන් බව සිතනවා.
3. සංස්කාර ඇත්තේ තමා තුළ යයි ගන්නවා.
4. සංස්කාර තුළ තමා ඇතැයි ගන්නවා.

1. චේතනාව තමන්

චේතනාව තමා ලෙස සිතනවා. ස්පර්ශය නිසා හටගත් අනිත්‍ය වූ දෙයක් තමා ලෙස පිළිගත නොහැකි බව නොවැටහීමෙන් ඔහු මුළාවට පත්වෙනවා.

2. තමන් සෑදී ඇත්තේ චේතනාවෙන්

තමා නිර්මාණය වී ඇත්තේ චේතනාවෙන් බව විශ්වාස කරනවා. එහි ඇත්තේ ස්පර්ශය නිසා ඇති වූ ඵලයක් මිස, තමා නොවන බව තේරුම් ගත නොහැකිව

රැවටෙනවා.

3. තමා තුළ චේතනාව

චේතනාව ස්පර්ශය නිසා ඇතිවූවක් මිස තමා තුළ චේතනාව නැති බව වටහාගත නොහැකි වෙනවා.

4. චේතනාව තුළ තමන්

ස්පර්ශය නිසා ඇති වූ අනිත්‍ය වූ චේතනාවක් තුළ, තමා කියා කෙනෙකු කොහෙන්ද...? යන්න වටහා ගත නොහැකිව මංමුලා වෙනවා.

මේ සියලුම දෘෂ්ටීන්. සිතේ හැදුණ හිස් දේවල්. ඒවයින් නිදහස් වෙන්න පුළුවන් වෙන්නේ සංස්කාර නිවැරදිව තේරුම් ගත්තු දවසටයි.

අවබෝධයෙන් චේතනා... ගෙන දෙන්නේ වාසනා...

සංස්කාර හටගන්නේ ස්පර්ශයක් නිසා බවත්, අනිත්‍ය වූ ස්පර්ශයකින් හටගත් අනිත්‍ය වූ සංස්කාරය තමා ලෙස ගැනීම නොම්බර එකේ මෝඩකමක් ලෙස තේරුම් ගෙන, තමා යයි සැලකූ, අනුන් යයි සැලකූ, අතීතයේ හටගත්තා වූ, වර්තමානයේ හටගෙන තිබෙන, අනාගතයේ තවම හට නොගත්තා වූ, ගොරෝසු වූ, සියුම් වූ, යහපත් වූ, අයහපත් වූ, දුර හටගත්තා වූ, ළඟ හටගත්තා වූ සංස්කාරයන් සංඛාර ස්කන්ධය ලෙස අවබෝධ කොට ගෙන, එහි යථාර්ථය තේරුම් ගත්තොත්, අන්න එදාට අපි සක්කාය දිට්ඨියෙන් නිදහස් වෙනවා.

මේ අවබෝධය ලැබූ බලු කුක්කා, සවිශක්තිය ලබා යදම් බිඳ, කණුව පෙරළාගෙන, අවිද්‍යාවට කණුව තබා

විද්‍යාව ලබමින් නිදහස් වෙයි.

විඤ්ඤාණය

විඤ්ඤාණය කියන්නේ මොකක්ද? බුදුරජාණන් වහන්සේගේ උපමාව නම්, විඤ්ඤාණය යනු මායාවක් බවයි. එහි තේරුම නම් සැබෑ ලෙස විමසමින් යන විට විඤ්ඤාණයක් නැති බවයි. මායාවක් නම්, ඇත්ත දෙයක් ලෙස, දූන් තිබෙන දෙයක් ලෙස පෙනෙනවා. නමුත් ඇත්ත තත්වය නම් එහෙම දෙයක් නැහැ. ඇස් බැන්දුමක් පමණයි. අන්න ඒ වගේ, විඤ්ඤාණයත් කරුණු කීපයක් නිසා එකතු වී තිබෙන දෙයක් පමණයි.

පහන් සිලක් වගේ...

බුදුරජාණන් වහන්සේ උපමා කොට දක්වනවා විඤ්ඤාණය පහන් සිලක් වගේ බව. තෙලුයි, වැටියි එකතුව තිබෙනකම් පහන් සිල තිබෙනවා. තෙලුයි, වැටියි අවසන් වුණු දවසට පහන් සිල කියා දෙයක් නැහැ. අන්න ඒ වගේ විඤ්ඤාණය කියලා කියන්නේ නාමරූප නිසා ඇතිවුණ දෙයක්. නාමරූප දෙක නැතිවුණ දවසට විඤ්ඤාණය කියලා දෙයක් නැහැ. විඤ්ඤාණය අනිත්‍ය දෙයක් බවත්, පහන් සිලක් වාගේ නැති වී යන බවත් බුදුරජාණන් වහන්සේ පෙන්වා දුන්නේ ඒ නිසයි.

විඤ්ඤාණය හටගන්නේ...

විඤ්ඤාණය ඇසේ හටගන්නවා. කණේ හටගන්නවා. නාසයේ, දිවේ, කයේ, සිතේ හටගන්නවා. ඇසත්-රූපයත් සම්බන්ධ කරදෙන්නේ විඤ්ඤාණයයි. කණත්-ශබ්දයත්, නාසයත්-ගඳ සුවඳත්, දිවත්-රසයත්,

කයත්-පහසත්, සිතත්-සිතුවිලිත් සම්බන්ධ කරන්නේ විඤ්ඤාණය විසින්.

විඤ්ඤාණය නාමරූප නිසයි...

බුදුරජාණන් වහන්සේ විසින් පෙන්වා දෙනවා, විඤ්ඤාණය නාමරූප ප්‍රත්‍යයෙන් හටගත් දෙයක් බව. රූප කියලා කියන්නේ පඨවි, ආපෝ, තේජෝ, වායෝ කියන සතර මහා භූතයින්ගෙන් හටගත් දේවල් වලට. නාම කියන්නේ, භවපැවැත්මට නැමී තිබෙන දේටයි. ඒ තමයි වේදනා (විඳීම), සංඥා (හඳුනාගැනීම), චේතනා (චේතනාත්මකව කර්ම රැස්වීම) ඵස්ස, (ස්පර්ශය) මනසිකාර (සිත ක්‍රියාත්මකව පැවැත්වීමේ හැකියාව) කියන කාරණා පහ. 'නාම' කියන කොටසට විඤ්ඤාණය අයිති නැහැ. බුදුරජාණන් වහන්සේ විඤ්ඤාණය වෙනමමයි දක්වා තියෙන්නේ. එහෙනම් කලින් කතා කළ විඳීම, හඳුනා ගැනීම, චේතනාව යන සියල්ලම නාමයි. රූප, වේදනා, සංඥා, චේතනා, ඵස්ස, මනසිකාර යන සියල්ලම නිසයි විඤ්ඤාණය තිබෙන්නේ. විඤ්ඤාණය නිසයි ඒ සියල්ලම තිබෙන්නේ. නාමරූප නිසා විඤ්ඤාණයත්, විඤ්ඤාණය නිසා නාමරූපත් පවතිනවා.

මේ තත්වය නියම ආකාරයට දැක්කේ නැති තැනැත්තා ආපහු හතර ආකාරයෙන් හොල්මනට අසුවෙනවා.

අශ්‍රැතවත් පෘථග්ජනයා විඤ්ඤාණය වැරදි ආකාරයට දකින හැටි...

1. විඤ්ඤාණය තමා යයි පැටලෙනවා.

2. තමා සෑදී ඇත්තේ විඤ්ඤාණයෙන් යයි පැටලෙනවා.

3. තමා තුළ විඤ්ඤාණය ඇතැයි පැටලෙනවා.

4. විඤ්ඤාණය තුළ තමා ඇතැයි පැටලෙනවා.

විඤ්ඤාණය දකිමු... මායාවෙන් මිදෙමු...

විඤ්ඤාණය මායාවක් බවත්, එය හටගත්තේ නාමරූප නිසා බවත්, එය අනිත්‍ය වූ දෙයක් බවත්, මේ සියලු දේ විමසීමේදී ඒ තුළ තමා කියා කෙනෙකු ඇති බව සිතීම විශාල බොරුවකට රැවටීමක් බවත් දැනගෙන, තමා ලෙස සැලකූ, අනුන් යයි සැලකූ, අතීතයේ හට ගත්තා වූ, වර්තමානයේ හටගෙන තිබෙන, අනාගතයේ මෙතෙක් හට නොගත්තා වූ, ගොරෝසු - සියුම්, යහපත්-අයහපත්, දුර-ළඟ විඤ්ඤාණයන්, විඤ්ඤාණස්කන්ධය ලෙස තේරුම් ගෙන, එහි යථාර්ථය අවබෝධ කළ හැකි වූයේ නම් සක්කාය දිට්ඨියෙන් නිදහස් වෙනු ඇත.

මේ අවබෝධයෙන් ශක්තිමත් වූ බලු පැටියා, එකතැන කරකැවීම නවතා දමා, දම්වැල කඩා, කණුවද පෙරළාගෙන රජ පැටියෙකු සේ නිදහස් ගමන අරඹයි.

ආත්මයක් ඇතැයි මුලාවී ඇත්තේ දුකටයි...

දැන් අපට පැහැදිලි වෙනවා... රූප, වේදනා, සංඥා, සංඛාර, විඤ්ඤාණ යන පංච උපාදාන ස්කන්ධයම හේතුවක් නිසා හටගෙන තිබෙන, 'මම' කියා ගන්නට කිසිවක් නැති, අනිත්‍ය වූ දේවල් බව. ආත්මයක් ඇතැයි සිතාගෙන දුක තුළම ඇලී සිටීම අනුවණකමක් බව දැන් පැහැදිලියි නේද?

අනිත්‍ය ස්වභාවය නිවැරදිව තේරුම් ගනිමු...

රූපය ඇති වී තිබෙන්නේ සතර මහා ධාතූන් ගෙනුයි. සතර මහා ධාතූන්ගේ අනිත්‍යය දුටුවොත් රූපය අනිත්‍ය දෙයක් බව අවබෝධ වෙනවා. විඳීමට මුල් වෙන්නේ ස්පර්ශයයි. ස්පර්ශයේ අනිත්‍ය දකින්නේ නැතිව වේදනාවේ අනිත්‍යය දකින්නට බැහැ. සංඥාවට මුල් වෙන්නෙත් ස්පර්ශයයි. ස්පර්ශයේ අනිත්‍යය නොදක සංඥාවේ අනිත්‍යය දකින්නට බැහැ. සංඛාරයන්ට මුල්වෙන්නෙත් ස්පර්ශයමයි. ස්පර්ශයේ අනිත්‍යය නොදක චේතනාවේ අනිත්‍යය දකින්නට බැහැ. විඤ්ඤාණයට මුල්වෙන්නේ නාමරූප දෙකයි. නාමරූපවල අනිත්‍ය දකින්නේ නැතිව විඤ්ඤාණයේ අනිත්‍යය දකින්නට බැහැ. අනිත්‍ය වීමට හේතුව වෙන්නේ අනිත්‍ය වූ දේවල් වලින් සෑදී තිබීමයි. පංච උපාදාන ස්කන්ධයේම මේ අනිත්‍ය ස්වභාවය තේරුම් නොගෙන සිතින් අනිත්‍යයි අනිත්‍යයි කියා සිතමින් භාවනාවේ යෙදුණාට ප්‍රයෝජනයක් ලැබෙන්නේ නැහැ. මේ අනිත්‍ය වූ ස්වභාවය සාමාන්‍ය ලෙසින්වත් තේරුම් අරගෙන දිගටම විදර්ශනාව වැඩීමෙන් කිසියම් අවබෝධයකට එන්නට පුළුවන්. යම් තේරුමක් ඇතිව දිගටම ප්‍රගුණ කරගෙන යාමේදී, හොඳින් ඒ ගැන තේරුමක් ලැබෙනවා. නිකම්ම හිතාගෙන හිතාගෙන ගියාට නම් වැඩක් වෙන්නෙ නැහැ.

සිතම තමයි හැමදේටම මුල...

බුදුරජාණන් වහන්සේ 'චරණ' කියලා චිත්‍රයක් ගැන ප්‍රකාශ කරනවා. මේක විස්මිත දේවල් මැවෙන චලනය වෙන චිත්‍රයක් විය යුතුයි. හරියට දැන් තියෙන රූපවාහිනිය වගේ එකක්. ඒ චිත්‍රය සිතින්මයි විසිතුරු

කොට තියෙන්නේ. දැන් බලන්න අපට රූපවාහිනී පේනවා, අහසින් ගමන් කරනවා, සැටලයිට් වලින් පින්තූර අරන් බලනවා.... මේ සියලුදේම කළේ සිතින් නේද? මේ සියල්ලේම සැලැස්ම හැදුණේ අපේ සිත තුළයි. එහෙම නම් මේ ලෝකෙ තිබෙන භෞතික දේට වඩා, පුදුමම දෙය නම් සිතයි. ඒ පුදුම සහගත සිතෙන් තමයි සියලුම දේ සිදුවෙන්නෙත්. බුදුරජාණන් වහන්සේ පෙන්වා දෙනවා, 'බොහෝ කලක් රාගයෙන්, ද්වේෂයෙන්, මෝහයෙන් සිත කිළිටි වෙවී නේද, මේ සංසාර ගමනේ මෙතරම් දුරක් ආවේ....? කියලා හිතන්න කියලා. සිත කිලිටි වීමෙන් සත්වයෝ කෙලෙසෙනවා. සිත පිරිසිදු වීමෙන් සත්වයෝ පිරිසිදු වෙනවා.

සිතක විචිත්‍රත්වය...

බුදු ඇසින් බලන විට තිරිසන්ගත සත්ව ලෝකය තරම් විසිතුරු වූ වෙනත් සත්ව කොට්ඨාශයක් උන්වහන්සේට නොපෙනෙන බව බුදුරජාණන් වහන්සේ පෙන්වනවා. තිරිසන්ගත සත්ව ලෝකය කොයිතරම් පුදුමද කියා බලන්න. නොයෙක් හැඩයේ, නොයෙක් පාට තිබෙන මාළුවෝ ඉන්නවා. විවිධ පාට, හැඩ තියෙන සර්පයෝ, කෘමීන්, සිව්පාවුන් ඉන්නවා. විවිධ හඬවල් ඇති පක්ෂීන් ඉන්නවා. මේ සියලුම සත්වයෝ විවිධාකාර වූ විචිත්‍ර වූ වෙනස්කම් ලැබුවේ සිතක ඇතිවුණු විචිත්‍රත්වය නිසයි. බොහෝ කාලයක් රාගයෙන්, ද්වේෂයෙන්, මෝහයෙන් කිලිටි වූ නිසා සිත කිලිටි වුණා. සිත පිරිසිදු වීමෙන් සත්වයින් පිරිසිදු වෙනවා.

චිත්‍රයට රැවටුණා... බිත්තිය අමතක වුණා...

බුදුරජාණන් වහන්සේ සත්වයින්ගේ නැවත

නැවත ඉපදීමට උපමාවක් පෙන්වා දෙනවා. ඔන්න මටසිළුටු බිත්තියක් තියෙනවා. ඒ බිත්තියෙහි සිත්තරෙකු විසින් නොයෙක් පාට වර්ග වලින් ස්ත්‍රී හෝ පුරුෂ රූපයක් අඳිනවා. ඊට පස්සේ අපට බිත්තිය පේන්නේ නැනේ. පේන්නේ වර්ණ යොදා අඳින ලද චිත්‍රයයි. ඒ වගේ තමයි, මේ සංසාරයේ ඉපදීමත්. පෘථග්ජන සත්වයා විසින් නොයෙක් ආකාරයේ චිත්‍ර අඳිනවා, එතකොට ඒ වාගේ උපදිනවා. ඊට පස්සේ අපි චිත්‍රය මිසක එහි තිබෙන බිත්තිය දකින්නේ නැහැ. ඒ වගේ අශ්‍රැතවත්, ධර්මය දන්නේ නැති, ධර්මයෙහි දක්ෂ නැති, ධර්මයෙහි හික්මුණේ නැති පෘථග්ජනයාත් සත්‍යය නොදක රූප, වේදනා, සංඥා, සංඛාර, විඤ්ඤාණය තුළ මුලාවෙමින් ඊට අනුරූපව යළි යළි උපතක් සකස් කරගන්නවා.

භව ගමනින් නිදහස් වෙන්නට නම්...

සංසාරේ ආයේ ඉපදෙනවා නම් ඉපදෙන්නේ සතර මහා ධාතුන්ගෙන් හටගත් රූපයක් නිසාමයි. ආයෙ ඉපදෙනවා නම් ඉපදෙන්නේ ස්පර්ශය නිසා හටගත් හඳුනාගැනීමක් නිසාමයි. ආයෙ ඉපදෙනවා නම් ඉපදෙන්නේ ස්පර්ශය නිසා හටගත්තු චේතනාවක් නිසාමයි. ආයෙ ඉපදෙනවා නම් ඉපදෙන්නේ ස්පර්ශය නිසා හටගත් සංඥාවක් නිසාමයි. ආයෙ ඉපදෙනවා නම් ඉපදෙන්නේ නාමරූප නිසා ඇතිවුණු විඤ්ඤාණයක් නිසාමයි. ඔන්න.... අප සංසාරේ නැවත නැවත ඉපදෙන්නට හේතුව. මේ ස්වරූපය අවබෝධ කළ හැකිනම්, ඔහුට පුළුවනි භව ගමනින් නිදහස් වීමට.

සෝවාන් වෙන්නේ මෙහෙමයි...

රූපයේ යථා ස්වභාවය අවබෝධ කිරීමෙන්, විඳීමේ

යථා ස්වභාවය අවබෝධ කිරීමෙන්, හඳුනාගැනීමේ යථා ස්වභාවය අවබෝධ කිරීමෙන්, චේතනාව තුළ කර්ම රැස්වීමේ යථා ස්වභාවය අවබෝධ කිරීමෙන්, හිස් වූ මායාකාරී සිතක යථා ස්වභාවය අවබෝධ කිරීමෙන් සම්පූර්ණයෙන්ම දුක කුමක්ද යන්න අවබෝධ වෙනවා. අන්න එදාට ඒ දුක අවබෝධ වුණු තැනැත්තා සෝතාපත්ති ඵලයට පැමිණෙනවා.

ඔබ බුද්ධිමත් වුණොත් ඵල නෙලාගත හැකියි...

බුදුරජාණන් වහන්සේ සෝතාපන්න සූත්‍රයේදී දක්වා තිබෙනවා, සෝතාපන්න වුණු කෙනා, පංච උපාදාන ස්කන්ධයන්ගේ සමුදය, අත්ථංගමය, ආශ්වාදය, ආදීනවය, නිස්සරණය යන කරුණු පහම හොඳින් දන්නා බව. ඔහුට රූප, වේදනා, සංඥා, සංඛාර, විඤ්ඤාණ යන පහෙහි හටගැනීම, අභාවයට යාම, ඒවායේ ආශ්වාදය, ඒ නිසා ලැබුණු විපත, එයින් නිදහස් වීම යන කාරණා හොඳින් වැටහෙනවා. එහෙම නම් අපට තේරෙනවා, සෝතාපන්නව මාර්ගයට පැමිණීමට නම් මේ දුක පිළිබඳ ඇත්ත තත්වය විමස විමසා බැලිය යුතුමයි. මේ කරුණු හොඳින් අසා දැනගෙන, ඊට ගැලපෙන අයුරු විදර්ශනා භාවනාවේ යෙදීමෙන් ඒ තේරුම් ගැනීම ක්‍රමයෙන් ඇතිවෙනවා. මේ භාවනා වැඩසටහන් පැවැත්වෙනුයේ ඒ සඳහායි. ඔබ බුද්ධිමත් නම් ඔබට මෙයින් ඵල නෙලා ගත හැකියි. ඒ සඳහා ඔබ උත්සාහවත් විය යුතුයි. ඒ වගේම නිවැරදි දේ තෝරාගන්නට ද දක්ෂ විය යුතුයි.

සක්කාය දිට්ඨිය නැතිකරගත්තොත් හරි...

මේ ජීවිතයේ දී සක්කාය දිට්ඨිය නැති කර ගැනීමට

පුළුවන් වුණොත්, ස්ථිර වශයෙන්ම තව ආත්ම හව හතයි සංසාරයේ යන්නට තිබෙන්නේ. බුදුරජාණන් වහන්සේ දවසක් පොඩි ගලක් අතට අරගෙන ප්‍රකාශ කළා, "සෝතාපන්න වුණ කෙනාට නැති වී ගිය දුක් කන්දරාව මහ පොළොව වගේ. ඔහුට විඳින්නට තිබෙන දුක් ප්‍රමාණය මේ මගේ අතේ තියෙන ගල් කැට හත වගේ" කියලා. සෝතාපත්ති ඵලයට පැමිණීමෙන් පසු නැති වී යන දුක් ප්‍රමාණය කොතෙක් දැයි මෙයින් පැහැදිලි වෙනවා. සද්ධර්මය අසන්නට ලැබෙනවා නම්, බුද්ධිමත් නම්, උත්සාහය ඇත්නම්, ඔබටත් ධර්ම මාර්ගයට එන්නට පුළුවන්.

ප්‍රාර්ථනාවලට අනුබලයක් නෑ...

නමුත් මෙය ප්‍රාර්ථනාවකින් නම් කරන්න බැහැ. ප්‍රාර්ථනාවකින් පුළුවන් නම් එතැන ආත්මයක් තිබෙනවා. ආත්මයක ලක්ෂණය 'මාගේ විඤ්ඤාණය මෙසේ වේවා, මෙසේ නොවේවා' යයි ලැබීමට ඇති හැකියාවයි. බුදුරජාණන් වහන්සේගේ ධර්මය තුළ එහෙම දෙයක් නැහැ. උන්වහන්සේ පෙන්වා දී තිබෙන්නේ අනාත්ම ලක්ෂණයයි. හේතුවක් නිසා හටගත් ඵලයක් නම් එය නැතිකිරීමට හේතුව නැති කළ යුතුමයි. හේතුව තුළින් ඵලය නැසිය යුතුයි. ඒ නිසයි බුදුරජාණන් වහන්සේගේ සූත්‍ර දේශනාවල ප්‍රාර්ථනාවලට කිසිම අනුබලයක් නැත්තේ.

අප පොඩි කාලේ ඉඳලා නිදුක් නිරෝගී සැප පතනවා. නමුත් ලැබුණද? නැහැ. රෝග පීඩාවලට කෙළවරක් නැතිව භාරහාර වෙනවා. මේ සියල්ලම මිථ්‍යා දෘෂ්ටීන්. අද්භූත ආකාරයට විසඳුම් සොයන්නේම

මිථ්‍යා දෘෂ්ටිය නිසයි. නමුත් අප මේ කතා කළේ සම්මා දිට්ඨියයි. මේ ජීවිතයේ සැබෑ තත්වය විමසමින්, භව ගමන ඇතිවෙන හේතුව නැති කරන්නට මහන්සි ගැනීම මේ ජීවිතයේදී නිවැරදි උත්සාහයකින් කරගෙන ගියොත්, එය දුකෙන් නිදහස් වීම පිණිස සකස් වෙනවා.

ධර්මය දියුණු කරන්න පුළුවන් ලෝකෙකට යන්නට සූදානම් වෙමු...

ධර්මාවබෝධයෙන් තොරව මේ ජීවිතය අත්හරින්නට අපට සිදුවුණොත්, ධර්මය දියුණු කරන්න පුළුවන් ලෝකෙකට යෑමට අප සූදානම්ව සිටිය යුතු වෙනවා. ඒක නිකම් ඉඳගෙන කළ හැකි දෙයක් නොවෙයි. 'අනේ... මට කළ්‍යාණ මිත්‍රයින් ඉන්න, ධර්මය ඇහෙන, සත්පුරුෂ ආශ්‍රය ඇති ලෝකයකට යන්නට ලැබේවා!' කියලා පැතුවට වැඩක් නැහැ. එහෙම ලෝකයකට යන්න නම්, තමා තුළ ඒ ලක්ෂණ තියෙන්නට ඕන. තමන්ට ශ්‍රද්ධාව ඇත්නම්, කායික වාචසික සංවරය ඇත්නම්, නිර්ලෝභී නම්, ප්‍රඥාව, ධර්ම ඥානය තමන් තුළ තිබේ නම්, ජීවිතය අත්හැරීමේදී ඒ ලක්ෂණ ඇති තැනකට තමන්ව යැවෙනවා. ඒක හේතුවක් නිසා ඇතිවෙන ඵලයක්. ඒකට ප්‍රාර්ථනාවක් ඕන වෙන්නේ නැහැ.

ඉල්ලන දේ නොලැබෙන නිසයි මේ සියලු ආගම්...

ප්‍රාර්ථනාවෙන්, යාඥාවෙන්, ඉල්ලන දේ ලැබෙනවා නම් මේ ලෝකයේ සියලු ආගම් අතුරුදහන් වෙලා බොහෝ කල්. ඉල්ලන දේ ඒ විදිහට ලැබෙනවා නම් ඊට පස්සේ ආගමක් අවශ්‍ය නැහැනේ. ඉල්ලන දේ ලැබෙන්නේ නැති නිසයි මේ ආගම් සියල්ල පවතිනුයේ.

ඉල්ලන දේ ලැබෙන්නේ නෑ. අනාගතේ ගැන බයයි. ඔය හේතුව නිසයි ආගම් පවතින්නේ.

බුද්ධිමත් දර්ශනය ශ්‍රී සද්ධර්මය තුළ පමණයි...

ඉල්ලීම්, ප්‍රාර්ථනා, යාඥාවලින් නිදහස් වුණු, හේතුඵල සංසිද්ධියක් වටහා දෙන, හේතුව නසා ඵලය නැසීමෙන් අවශ්‍ය ඉලක්කය කරා ළඟා වෙන ස්වභාව ධර්මය තුළ ඇති, සත්‍ය වූ ධර්මතාවය ඉදිරිපත් කරන, එකම බුද්ධිමත් දර්ශනය තිබෙන්නේ බුදුරජාණන් වහන්සේගේ ශ්‍රී සද්ධර්මය තුළ පමණයි. මනුෂ්‍යයාව වීර්යවන්ත කරමින්, බුද්ධිමත් කරමින්, නිරවුල් කරමින්, පැවැත්ම සරල කරමින් ඔහු ප්‍රතාපවත් ජීවිතයක් කරා ගෙනයන එකම ධර්මය නම් බුද්ධ ධර්මයයි. බෞද්ධයින්ට හැරෙන්නට මේ ලෝකෙ කාටවත්ම එය හිමි නැහැ. මේ ගැන හරියට දන්නේ නම් ලෝකෙ අනෙක් ආගම් පවතින්නෙත් නැහැ. ඒ සියලු දෙනාම බුද්ධ ධර්මය කරා එනවා. නමුත් අවාසනාවකට ලෝකයා ඒ ගැන දන්නේ නැහැ. කියා දෙන්න කෙනෙකුත් නැහැ. ලෝකය අන්ධයි. ඒ නිසා අපට ලැබී තිබෙන මේ දුර්ලභ අවස්ථාවෙන් උපරිම ප්‍රයෝජනය ගන්නට අපි බුද්ධිමත් විය යුතුමයි.

ධර්මය කතා කළා නම් මෙහෙම වෙන්නේ නෑ...

අප මනුෂ්‍යයින්ට හිතවත් නම්, සානුකම්පිත නම්, අපත් ධර්මය තුළ හික්මෙමින්, දන්නා කියන සියලු දෙනාමත් මාර්ගයේ ගමන් කරවමින්, සසරෙන් මිදෙමින්, අනිත් සියලු දෙනාටමත් ඒ බව වටහා දිය යුතුයි. මේ වගේ සූත්‍ර මෙපමණ කලකට අහලා නැත්නම් එහි තේරුම 'මේ රටේ ධර්මය කතා කරලා නැහැ' කියන එකයි. ධර්මය කතා කළා නම් මෙහෙම වෙන්නේ නැහැ.

ඔබ මැරේවි...! මරණයට සූදානම් වෙන්න...

මේ ළඟදි නෝනා කෙනෙක් ඔපරේෂන් එකකට යන්න කලින් මගෙන් ඇවිත් ඇහුවා, 'සිහි නැතිකළාම ආයෙම සිහිය ගන්න පුළුවන් වේවිද, දන්නේ නෑ...?' කියලා. මා කීවා එහෙම වෙන්නත් පුළුවන් බව. 'එහෙම වුණොත් මාව මැරෙයිද දන්නේ නෑ' කියලා ඇහුවා. 'මැරෙන්න වුණත් පුළුවන්' කියලා මං කිව්වා. ඒ මොකද එහෙම ඇහුවේ කාරණය නොතේරෙන නිසයි. 'නෑ... නෑ... පින්වත් මැතිනිය, එහෙම වෙනවද? බය වෙන්න දෙයක් නැහැ...' ඔන්න ඔය ටික අසා ගැනීම තමයි බලාපොරොත්තුව. ඇයි රටේ කියන්නේ ඒක නේ. ඊට පස්සේ 'හා... හා... බයවෙන්න එපා...' කියලා ආශීර්වාද කරලා නූලක් ගැට ගහගන්නයි ඕනකම. මා ඒ තැනැත්තියට පැවසුවා, 'නෑ ඔබ මැරෙන්න වුණත් පුළුවන්... මරණෙට ලෑස්ති වෙන්න...' එහෙම කිව්වේ ඇයි? ඒ ධෛර්ය තමයි ඇතිකර ගත යුත්තේ. නිකම් බෙලහීන වෙලා, බයාදු වෙලා, චිත්ත ශක්තිය නැතිකරගෙන, අද්භූත දේවල් හොය හොයා මොකක්ද මේ බෞද්ධයාට ගිය කළ දසාව? 'ලංකාවේ 5%ක් වත් නියමාකාර බෞද්ධයින් නෑ' කියලා ඕන තැනක බය නැතුව කියන්න පුළුවන්. සම්පූර්ණයෙන්ම තියෙන්නේ බොරුවක්.

ජීවිතයට අවශ්‍ය ශක්තිය ලැබෙන්නේ බුද්ධ ධර්මයෙන්...

බුද්ධ ධර්මයෙන් මනුෂ්‍යයාගේ ධෛර්ය ඇති වෙනවා. චිත්ත ශක්තිය ඇතිවෙනවා. අටලෝ දහමට හුරු වෙනවා. ඕනම අවස්ථාවකට විශ්වාසයෙන් යුතුව එඩිතරව මුහුණ දීමට හැකියාව ලැබෙනවා. ඒකටයි ධර්මය අවශ්‍ය

වෙන්නේ. ඒ නිසා ධර්මය කතා කළ යුතු වෙනවා. ඒ අසා තේරුම් අරගෙන ධර්මය තුළ හැසිරිය යුතුයි. ධර්මය නම් කතා කළේ, ධර්මයෙහි නම් හැසිරුණේ, ධර්මය නම් අවබෝධ කළේ, අප මේ වන විට මේ සංසාරෙන් එතෙර වෙලා බොහෝ කල්. මගඵල ලබා බොහෝ කල්. ධර්මය නැති නිසයි අප අතරමං වුණේ.

ධර්මයෙන් ශක්තිමත්ව දම්වැල කඩා දමමු...

ධර්මය දන්නේ නැති නිසයි ලොකු දම්වැලෙන් තඩි කණුවක ගැට ගැහුණු පොඩි බලු කුක්කා වගේ සක්කාය දිට්ඨිය වටා එක තැන කැරකුණේ. ධර්මයට යොමු නොකරන සිත් ඇති, ධර්මය නොඅසන කණ් ඇති, ධර්මය නොකියවන ඇස් ඇති, පෘථග්ජනයා කොපමණ කාලයක් මේ සංසාරය තුළ දුක් විඳිමින් ඇවිද්දින්නේ දැයි කියන්නට බැහැ. පුංචි බලු පැටියෙකුට පුළුවන් වේවිද විශාල කණුවක්, ලොකු දම්වැලක් කඩාගෙන නිදහස් වෙන්න? බැහැ. එහෙනම් මොකක්ද කළ යුතු වන්නේ? පුංචි බලු පැටියා හොඳට ආහාර අරගෙන, හොඳින් වැඩිලා, හොඳින් ශක්තිමත් වෙන්නට ඕන. එහෙම වුණොත් තමයි කණුව පෙරලගෙන දම්වැල කඩා ගන්නට බලු පැටියාට හැකිවන්නේ. අන්න ඒ වගේ, අප විසින් හොඳට ධර්මය ශ්‍රවණය කරලා ශක්තිමත් විය යුතුයි. එවිට පුළුවන් වෙනවා භව ගමනෙන් නිදහස් වෙන්නට.

බුද්ධියත්, නොපසුබස්නා උත්සාහයත්, වීර්යක් ඇති කරගෙන...

මේ ගද්දූලබද්ධ සූත්‍රයෙන් තනිකරම කතා කළේ දුක ගැනයි. පංච උපාදාන ස්කන්ධයම දුකයි. මේ දුක

හරියට අවබෝධ කළොත් සෝතාපන්න වෙන්න පුළුවන්. ඒ සඳහා රූප, වේදනා, සංඥා, සංඛාර, විඤ්ඤාණය නිවැරදිව අවබෝධ කරමින්, ඒ තුළ අප මුලාවී සිටින සක්කාය දිට්ඨිය දුරු කළ යුතු වෙනවා. මේ ගැන නිරවුල් දැනුම ධර්ම ශ්‍රවණය තුළින් ලබාගෙන සමාධිමත් සිතකින් ඒ ගැන විමසමින්, එයට අදාල විදර්ශනා භාවනාවක් මනා කල්පනාවකින් යුතුව. හොඳ සිහියෙන් යුතුව ප්‍රගුණ කරමින් සිටියදී, දුක පිළිබඳ පරිපූර්ණ අවබෝධය ලැබෙනු ඇත. ඒ සඳහා අවශ්‍ය වන්නේ බුද්ධියත්, නොපසුබස්නා උත්සාහයත්, වීරියයත් පමණයි. එම නිසා මේ සියලු දෙනාටම ඉතා ඉක්මණින් ශ්‍රී සද්ධර්මය අවබෝධ කරගෙන මේ ලොකු දම්වැලයි, කණුවයි කඩාගෙන, උතුම් චතුරාර්ය සත්‍ය අවබෝධ කිරීමට වාසනාව උදාවේවා...!

සාදු! සාදු!! සාදු!!!

නමෝ තස්ස භගවතෝ අරහතෝ සම්මාසම්බුද්ධස්ස
ඒ භාග්‍යවත් අරහත් සම්මා සම්බුදුරජාණන් වහන්සේට නමස්කාර වේවා!

02. කුමක්ද මේ දුක?

(ධර්ම දේශනයකි)

භාග්‍යවත් බුදුරාජාණන් වහන්සේ උන්වහන්සේගේ පළමු දේශනයේදීම දුක ගැන අපූරුවට පැහැදිලි කර දුන්නා. ඒ දම්සක් පැවතුම් සූත්‍ර දේශනයේදී ඒ පැහැදිලි කර දුන් දුක ගැන ටිකක් විමසලා බලමු.

ඉපදීම දුකයි... (ජාති'පි දුක්ඛා)

බුදුරජාණන් වහන්සේ ඉපදීම කියන්නේ දුකක් බව පෙන්වා දුන්නා. ඉපදීම දුකක් බව සාමාන්‍යයෙන් අපට තේරෙන්නේ නැහැ. බලන්න මේ ජීවිතයේ අප මොනතරම් නම් කඳුළු හෙළලා තියෙනවාද? කොයිතරම් දුක් පීඩා සිත් තැවුල් ඇතිවෙලා තියෙනවාද? කොයිතරම් සුසුම් හෙළලා තියෙනවාද? සෝක වැලපීම්වල නිමක් නැහැ. මොනතරම් මරණ බය ඇතිවෙලා තියෙනවාද? මෙහෙම තියෙද්දිත් මේ ජීවිතය සැපක් කියලා හිතලා අප මුලාවට පත්වෙනවා.

දුක් දේ සැප ස්වරූපයෙන්...

පුංචි බබෙක් ඉපදුණහම බොහෝම ආසාවෙන් තුරුළු කරගෙන එනවා. දකින අයත් 'අනේ ලස්සන චූටි බබෙක්' කියලා කියනවා. මොහොතකටවත් හිතුණද 'ජාති'පි දුක්ඛා' කියලා? බොහෝම ආශාවෙන්, ආදරයෙන් අප තුරුළු කරගෙන යන්නේ දුක් ගොඩක් කර තියාගෙන ආව පැටියෙක් නේද? අපේ අම්මලා, තාත්තලා පුංචි කාලේ අපව හුරතල් කර කර අරගෙන යන කොට, හිතන්න නැතුව ඇති අප මේ තරම් දුක් දොම්නස් විඳියි කියලා. ඉපදිලා ලස්සනට තුරුළු කරගෙන ගෙදරට ගේන වෙලාවෙදී කිසි කෙනෙක් හිතන්න නැතිව ඇති 'මෙයා මේ තරම් කඳුළු හෙළයි' කියලා. මේ සියලු දුක් දොම්නස් ඉපදීම නිසා ඇතිවෙන දෙයක්. ඉපදුණේ නැත්නම් මේ දුක් නැහැ. බුදුරජාණන් වහන්සේ නිතරම දේශනා කළා, ඉපදීම දුකක් බව. එහෙනම් ලස්සන චූටි බබෙක් දැක්කහම අපට හිතෙන්න ඕන, 'අනේ! සෝ සුසුම් කඳුළු ගංගාවක් හෙළන්නට දුක පිණිස උපන් තවත් සත්වයෙක් නේද?' කියලා. එහෙම හිතලා ඒ ගැන කණගාටු වෙන්නට ඕන. අප මොනතරම් අකමැති වුණත් ඇත්ත තත්වය නම් ඒකයි. සත්‍ය සත්‍යය ලෙසම තේරුම් ගන්නට ඕන. ඉපදීම නිසයි මේ සියලු දුක් තියෙන්නේ. බුදුරජාණන් වහන්සේ පෙන්වා දුන් 'ඉපදීම දුකක්' කියන සනාතන සත්‍යය තේරුම් ගන්නට පුළුවන් නම් විතරයි ඉපදීම නැති කිරීම පිණිස ධර්ම මාර්ගයට එන්නට හැකි වෙන්නේ.

වයසට යෑම දුකක්... (ජරා'පි දුක්ඛා)

ජරාවට පත්වුණු සමහර අයව දැක්කහම හරිම දුකක් ඇතිවෙනවා, 'අනේ! මෙහෙමත් ජරාවට පත්වෙනවද'

කියලා. දුන්නක් වගේ පිට කොන්ද නැවෙනවා. නැගිට ගන්න බැහැ, වාඩිවෙන්න බැහැ, ඇස් පේන්නේ නැහැ. කණ් ඇහෙන්නේ නැහැ. ඇඟපතේ වේදනාව ඉවසාගන්න බැහැ. මේ දේවල් සැපක් නොවෙයි නේද? කවදාකහරි අපටත් මේ දේවල් උරුම වෙන බව සිහියේ තියාගෙන තරුණ අය වැඩ කළ යුතු වෙනවා. තරුණ වියේදී අප හිතාගෙන ඉන්නේ 'හැමදාම තරුණ වෙලා ඉන්න පුළුවන්' කියලයි. එහෙම හිතාගෙන නොයෙක් වැරදි දේවල් කරන්නට පෙළඹෙනවා. නමුත් සියලු දෙනාගෙම තාරුණ්‍යය බොහොම සුළු කාලයයි පවතින්නේ. ඒ නිසා 'ජරා'පි දුක්ඛා' කියන කාරණය අවබෝධකර ගනිමින් හොඳ දේවල් කළ යුතු වෙන්නේ තරුණ කාලයේදීයි. ජරාවට පත්වුණාම ධර්මයට නැඹුරු වෙන්නට බැහැ. ඒ සඳහා අවශ්‍ය ශාරීරික, මානසික ශක්තිය නැහැ.

ලෙඩ දුක් වැළඳීමත් දුකක්... (ව්‍යාධි'පි දුක්ඛා)

මේ කාරණය නම් හොඳට තේරෙන එකක්. ලෙඩ දුක් වැළඳෙන්නේ නැති කිසිම කෙනෙක් නැහැ. එහෙනම් මේ දුක හොඳින් තේරෙන එකක්. මේවා ගැන දකින්න නම් රෝහලකට යන්න ඕන.

පසුගිය දවසක මේ වගේ කෙනෙක් බලන්නට මම ගියා. එයා පිළිකා රෝහලේ ඉඳලා, සනීප කරන්න අමාරු නිසා ගෙදර එවලා. එයා බැංකු නිලධාරිණියක්. ඉස්සෙල්ලාම ඉස්සරහා කම්මුලේ පොඩි ගැටයක් ඇවිල්ලා. කට ඇරලා බැලුවාම ඇතුළෙන් ඒ ගැටේ තියෙනවා. පරීක්ෂා කෙරෙව්වාම පිළිකාවක්. ඒ නිසා දොස්තරවරු ඒ පිළිකාව කැපුවා. කැපුවහම ආයෙම ඒක ආවා. ආයෙම කැපුවා. ආයෙම ගෙඩිය මතුවුණා.

මෙහෙම දිගටම කපලා කපලා දූන් කම්මුලේ දෝනාවක් වගේ විශාල තුවාලයක්. ඒක සනීප වෙන්නේ නැහැ. කම්මුලේ තුවාලේ තියෙන පැත්ත ඇලවෙලයි තියෙන්නේ. ඒ පැත්ත සම්පූර්ණයෙන්ම ඉදිමිලා. ඇහැ වැහෙනවා. කතා කරගන්න බැහැ. කට ඔක්කොම වැහිලා. කෑම බීම ගන්නත් බැහැ. කෑම බීම දෙන්නේ කම්මුලේ හයි කරලා තියෙන පොඩි මූඩියකින්. කෑම ජූස් කරලා එතැනට එන්නත් කරනවා. මේ පවුලේ අනිත් අය ඔක්කොම දොස්තරවරුයි. මෙයාගේ ඇඟ ඇටසැකිල්ලක් වගේ. අමාරුවෙන් එක ඇහැක් ඇරලා තමයි බලන්නේ. අනිත් ඇහැ කම්මුලෙන් වැහිලා. එයා මට කොලයක ලියලා දුන්නා, 'යන්තම් දූකගත්තා... වේදනාවෙන් පසුවෙමි' ඒ වගේ දේ දකින්නට ඕන ඉපදීම ගැන හරියට දූනගන්න නම්. රෝග පීඩාවලට පත්වෙන්න සිදුවීම අප සියලු දෙනාගේම පොදු ඉරණමේ ලක්ෂණයක්. රෝග පීඩා වලින් ලැබෙන දුක ඔන්න ඔහොමයි. යමෙක් කියනවා නම් 'කවුරුහරි කෙනෙක් මේ මිනිස් ජීවිත මැව්වා' කියලා, ඒ මැව්ව කෙනාට සාප විය යුතුයි නේද? නමුත් බුදුරජාණන් වහන්සේ කළේ මේකේ ඇත්ත තත්වය වටහලා දුන්න එකයි. ලෙඩ රෝග වැළඳීම දුකයි. ඒක සත්‍යයක්.

මරණය ද දුකකි... (මරණම්'පි දුක්ඛා)

නොයෙක් ආකාරයට මිනිස්සු මැරෙනවා. වයසට ගිහින්, ලෙඩ රෝගවලින්, හදිසි අනතුරුවලින්, වෙඩි වැදිලා, බෝම්බ වැදිලා මිනිස්සු මැරෙනවා. අපි කවුරුත් මොන විදිහකින් මරණයට පත්වේද කියලා කවුරුවත් දන්නේ නැහැ.

බලන්න මරණයේ හැටි...

මරණය කොයි ආකාරයේ එකක්ද කියලා හිතා ගන්න සත්‍ය කතාවක් කියන්නම්. ඒ ගෙදර සාමාන්‍ය පොහොසත් පවුලක් තමයි හිටියේ. මහත්මයා ලොකු තනතුරක් දරන කෙනෙක්. මේ ජෝඩුවට අවුරුදු තුනක ගෑණු ළමයෙක් හිටියා. ළඟදී තව පිරිමි දරුවෙක් උපන්නා. 'ඉපදීම සතුටක්' කියලා සන්තෝෂයෙන් මේ බබාව හුරතල් කර කර ගෙදර ගෙනාවා. චූටි අක්කා හරිම ආදරෙයි චූටි මල්ලිට. චූටි බබා චූ දාන වෙලාවට අම්මා හුරතලේට කියනවා, 'බලන්න මේ චූටි මල්ලියා නිතරම චූ දානවා නේ. මේ මල්ලියාගේ චූ එක කපලාවත් දාන්න ඕන නේද දුවේ...' කියලා. මේ විදිහට හුරතලේට බොහොම සන්තෝෂයෙන් තමයි මේ තුන්දෙනා ගෙදර හිටියේ. තාත්තා උදෙන්ම වැඩට යනවා. දවසක් අම්මා කුස්සියේ වැඩක් කර කර ඉන්න කොට චූටි දුව ඇවිත් කියනවා, 'අම්මේ, මල්ලියා ආයෙම චූ විද්දා. මං හොඳ වැඩක් කළා මල්ලියා චූ දමනවට. මගේ පුංචි කතුරෙන් මල්ලියාගේ චූ එක කැපුවා' අම්මට කර කියාගන්න දෙයක් නැහැ. පොඩි දරුවා ලේ විලක් මැද ඉන්නවා, සිහියත් නැතිවෙලා. අම්මා ඉක්මණට තාත්තාට ටෙලිෆෝන් කළා. චූටි දුවට දොස් කියමින් රෝහලට ගෙනියන්න ඕන දේවල් ලෑස්ති කළා. චූටි දුව දූත් හොඳටම බය වෙලා අඬනවා. අම්මා බනින නිසා තවත් බයයි. තාත්තා ඉක්මණට මෝටර් රථයෙන් ගෙදර ආවා. බබාව අරගෙන අම්මා ඉක්මණින් කාර් එකට නැග්ගා. කාර් එක පස්සට ගන්න කොට 'දඩාස්' ගාලා මොකක්ද යට වුණා. බැලුවාම චූටි දුවගේ ඔළුව රෝදයට යට වෙලා. අම්මා බනින නිසා බයට මේ පොඩි දරුවා කාර් එක යට හැංගිලා.

බලන්න මරණයේ හැටි. ඉපදීම සතුටක්ද...?

ඕනෑම මොහොතක ඕනෑම ආකාරයකින් මැරෙන්න පුළුවන්...

දැන් කාගෙන් හරි ඇහුවොත්, 'ඔයා මැරෙන්න කැමති කොහොමද?' කියලා. එයා කියාවි, 'මම නම් කැමති නින්ද ගියා වගේ සනීපෙට මැරෙන්නයි' කියලා. හොඳට කාලා, බීලා, හාන්සි වෙලා ඉන්න වෙලාවක මැරෙන්න තමයි බොහෝ දෙනා කැමති. ඒත් අපි දන්නේ නැහැ, බඩගින්නේ මැරෙයිද, පිපාසයේ මැරෙයිද, මළ මූත්‍ර හිරවෙලා මැරෙයිද? කියලා. ඕනම ආකාරයකින් සත්වයෙක් මැරෙන්න පුළුවනි. එම නිසා මැරෙන්න සිදුවීම දුකයි (මරණම්පි දුක්ඛං) කියන ආර්ය සත්‍ය සත්‍යයක්මයි.

අප්‍රිය පුද්ගලයින්, අප්‍රිය වස්තූන් හා එකතු වෙන්න ලැබීම දුකක්.... (අප්පියේහි සම්පයෝගෝ දුක්ඛෝ)

අප අකමැති පුද්ගලයින්ව දකින්න වත් කැමති නැහැ නේද? ඒත් අපට ඒ අයත් එක්ක එකට වැඩ කරන්නට සිද්ධ වෙනවා නේද? අප අකමැතියි කියල අයින් වෙන්න ලැබෙන්නේ නැහැ. ඒක දුකක්. ඒ වගේම තමයි, තමන් අකමැති දේවල් පරිහරණය කරන්න සිදු වුණාමත් විශාල දුකක්.

ප්‍රිය පුද්ගලයින් ප්‍රිය වස්තූන්ගෙන් වෙන් වෙන්න වීමත් දුකක්... (පියේහි විප්පයෝගෝ දුක්ඛෝ)

මේක අපට බොහොම හොඳට දැනෙන දෙයක්. තමන් කැමති කෙනෙක් මිය ගියාම මොනතරම් කඳුළු

හෙලනවාද? තමන් ප්‍රිය කෙනෙක් තරහ වුණාම කොයිතරම් සුසුම් ගොඩක් වාතලයට එක්වෙනවාද? සමහරු වෙන්වීමේ දුක දරාගන්න බැරිව සියදිවි හානි කරගන්නවා. සමහර අය ඒ දුක නිසා පිස්සන් බවට පත්වෙනවා. මේවා සිද්ධවෙන්නේ උහුලන්න පුළුවන් ආකාරයට නෙවෙයි.

මේක හම්බන්තොට පැත්තේ සිදුවුණු සිද්ධියක්. ඒ අම්මට එකම පුතයි හිටියේ. රාත්‍රියේ ආව පිරිසක් පැල්කොටේට රිංගලා මේ තරුණ පුතාව අරගෙන ගියා. අම්මා උදේ පාන්දර පුතාව සොයමින් පොලීසි ගානේ, හමුදා කඳවුරු ගානේ ඇවිද්දා. හැම තැනකින්ම, 'මෙහෙට ගෙනාවේ නැහැ' කියන පිළිතුරයි ලැබුණේ. ඒ අම්මා පුතාව සොයමින් පාරවල් දිගේ හිස ගිනි අරගෙන ඇවිදිනවා. ඔහොම යනකොට, 'ඔබේ පුතා අන්න අසවල් තැන ඉන්නවා' කියලා අම්මට ආරංචි වුණා. අම්මා එතැනට දුවගෙන යනකොට පුතාගේ ඔළුව විතරක් කණුවක හිටවලා තියෙනවා. අම්මා අඬාගෙන දුවගෙන ගිහිල්ලා ඇඳන් හිටිය උඩ චීත්තය ගලවලා අර ඔළුව අරගෙන ඔතා ගත්තා. ඒ ඔතා ගත්ත ඔළුව පපුවට තුරුළු කරගෙන විලාප නගමින් පාරවල් දිගේ පිස්සුවෙන් වගේ දිව්වා. මේ අම්මා ආත්මභාව කීයක් නම් මේ දුක විඳින්න ඇත්ද? නිවන් දක්නා තුරුම මෙවන් දුක් විඳින්නට ඒ අම්මට සිද්ධ වේවි. බුදුරජාණන් වහන්සේ පහළ වුණේ මේ දුකෙන් අපව ගලවන්නයි. අපට මේ දුකෙන් නිදහස් වෙන්න පුළුවන් වෙන්නේ බුදුරජාණන් වහන්සේගේ ධර්මයෙන් පමණයි. වෙන කිසිම ආගමක පිළිසරණක් නැහැ.

ආස කරන දේ නොලැබීමත් දුකක්... (යම්පිච්ඡං න ලභති තම්පි දුක්ඛං)

අප කවුරුත් ආසයි ලෙඩ නොවී ඉන්න. නමුත් ඒක ලැබෙන්නේ නෑ. ජරාවට පත් නොවී ඉන්න ආසයි, ලැබෙන්නේ නෑ. නොමැරී ඉන්න ආසයි, ලැබෙන්නේ නෑ. අප්‍රියයන් හා එක් නොවී ඉන්න ආසයි, ලැබෙන්නේ නැහැ. ප්‍රිය පුද්ගලයින්ගෙන් වෙන් නොවී ඉන්න ආසයි, ලැබෙන්නේ නැහැ. මේ අප කැමති කිසිම දෙයක් ලැබෙන්නේ නැහැ.

බුදුරජාණන් වහන්සේ ඉතාම පැහැදිලිව මේ ආකාරයට දුක ගැන අපට කියා දුන්නා. මේවා බොරුයි කියලා කාටවත් වෙනස් කරන්න පුළුවන් දේවල් නෙවෙයි. මේ ජීවිතයේ මොනතරම් සැප තිබුණත්, දුක හැටියට බුදුරජාණන් වහන්සේ පෙන්වා දුන් විස්තරය අසත්‍යයක් බවට පත්වෙන්නේ නැහැ. ඒ දුක සදාකාලික සත්‍යයක්. නොවෙනස් සත්‍යයක්. ඒ නිසා නුවණැති කෙනා මේ සත්‍යය අවබෝධ කරගන්ට දක්ෂ විය යුතුයි. බුද්ධිමත් තැනැත්තා 'මේ නිස්සාර බවින් මිදිය යුතුයි' යන තීරණයට පැමිණෙනවා. බුදුරජාණන් වහන්සේ දුක ගැන විස්තර කරලා අන්තිමට ප්‍රකාශ කරනවා, **(සංඛිත්තේන පංචුපාදනක්ඛන්ධා දුක්ඛා)** කෙටියෙන් කියනවා නම් උපාදාන ස්කන්ධ පහම දුකයි. එහෙනම් දුක කියලා කියන්නේ පංච උපාදානස්කන්ධය බව අපට වැටහෙනවා.

කුමක්ද පංච උපාදාන ස්කන්ධය...?

දුක ගැන විස්තර කිරීමේදී අපට 'පංච උපාදාන ස්කන්ධ' කියලා අලුත් වචනයක් හමුවුණා. අපි දැන් ඒ

ගැන පැහැදිලි කරගනිමු. 'පංච උපාදාන ස්කන්ධය' නමින් හඳුන්වා දුන්නොත් මෙහෙමයි.

1. රූප උපාදාන ස්කන්ධය
2. වේදනා උපාදාන ස්කන්දය
3. සංඥා උපාදාන ස්කන්ධය
4. සංඛාර උපාදාන ස්කන්ධය
5. විඤ්ඤාණ උපාදාන ස්කන්ධය

මේ පහට තමයි 'පංච උපාදානස්කන්ධය' කියලා කියන්නේ. දැන් මේ පහ ගැන අපට තේරෙන භාෂාවෙන් පැහැදිලි කරගමු.

රූප

රූප කියලා කියන්නේ සතර මහා ධාතූන්ගෙන් හැදිලා තියෙන දේවල්වලටයි. සතර මහා ධාතු මොනවාද කියා මීළඟට බලමු.

1. පොළොවට පස් වෙලා යන දේවල් (පඨවි)
2. දියවෙලා යන දේවල් (ආපෝ)
3. උණුසුම් දේවල් (තේජෝ)
4. හමායන දේවල් (වායෝ)

පරිසරයේ තියෙන හැම දෙයක්ම, පඨවි, ආපෝ, තේජෝ, වායෝ කියන හතරෙන් තමයි හැදිලා තියෙන්නේ. අපේ ශරීරයත් හැදිලා තියෙන්නේ මේ හතරෙන්මයි. අන්න ඒ නිසයි ජරාවට පත්වන්නේ. ඒ

නිසයි මැරෙන්නේ. ඒ නිසයි අනතුරු කරන්නට පුළුවන්. එහෙනම් සතර මහා ධාතූන්ගෙන් හට අරගෙන තියෙන රූපය කියන්නේ දුකක් බව පැහැදිලියි. දැන් හිතන්න එපා... 'රූප' කියලා කියන්නේ අපේ ඇහැට පේන්න තියෙන රූපවලට විතරයි කියලා. ඒවාට විතරක්ම නෙවෙයි 'රූප' කියන්නේ. **(රුප්පතීති බෝ භික්ඛවේ තස්මා රූපන්ති වුච්චති)** 'නැසී වැනසී යන නිසයි 'රූප' කියලා' කියන බව බුදුරජාණන් වහන්සේ පහදා දුන්නා.

- **ඇසත්, ඇසට පෙනෙන රූපත්**
- **කණත්, කණට ඇහෙන ශබ්දයත්**
- **නාසයත්, නාසයට දැනෙන ගඳ සුවඳත්**
- **දිවත්, දිවට දැනෙන රසයත්**
- **කයත්, කයට දැනෙන පහසත්**

මෙන්න මේ ඔක්කොම රූපවලට අයිතියි. මේ සියල්ලම නැසී වැනසී යන දේවල්. සත්‍යය... සත්‍යය විදිහට බුදුරජාණන් වහන්සේ දේශනා කළත් අපට අවබෝධ වෙන්නේ නැහැ නේද? අපට හිතෙන්නේ මේ ඔක්කෝම 'මම' කියලයි. මෙතැනයි අපට පැටලුණු තැන. මේ වැරදි තේරුම් ගැනීම නිසා දුක් විඳින එකත් වළක්වන්නට බැරිවෙනවා. මේවාට කියන්නේ 'රූප උපාදාන ස්කන්ධයයි'. 'ස්කන්ධ' කියන්නේ පළල් අර්ථයක්. ඉදිරියේදී තේරුම් ගන්නට පුළුවන් වේවි.

වේදනා

වේදනා කියලා කියන්නෙ විඳීමටයි. අපි සැප

විඳිනවා. දුක් විඳිනවා. මධ්‍යස්ථභාවය විඳිනවා. එහෙම නම් විඳීම් ආකාර තුනයි සැප, දුක්, උපේක්ෂා කියලා. මේ ආකාර තුනෙන් අප විඳින්නේ මොනවාද?

- ඇසේ ස්පර්ශයෙන් රූප විඳිනවා
- දිවේ ස්පර්ශයෙන් රස විඳිනවා
- කණේ ස්පර්ශයෙන් ශබ්ද විඳිනවා
- නාසයේ ස්පර්ශයෙන් ගඳ සුවඳ විඳිනවා
- කයේ ස්පර්ශයෙන් පහස විඳිනවා
- මනසේ ස්පර්ශයෙන් සිතුවිලි විඳිනවා

මෙයින් පිට දෙයක් අප විඳින්නේ නැහැ. විඳීම තමන් කරන දෙයක් නෙවෙයි, අනුන් කරන දේකුත් නෙවෙයි. ඉබේ හටගත්තු එකකුත් නෙවෙයි. එහෙනම් විඳීම ඇතිවෙන්නේ කොහොමද ? විඳීම ඇතිවෙන්නේ ස්පර්ශය නිසයි. ස්පර්ශය කියන්නේ එකතු වීමයි. රූපයක් විඳින්න නම් ඒ රූපය පේන්න ඕන. රූපයක් පේන්න නම් ඇසයි, රූපයයි, විඤ්ඤාණයයි කියන තුන එකතුවෙන්න ඕන. ඒක තමයි ඇසේ ස්පර්ශය. මෙයින් එකක් හරි අඩුවුණොත් පේන්නේ නැහැ. ඇහැ අන්ධ නම් පේන්නේ නැහැ. පේන්න රූපයක් නැත්නම් පේන්න දෙයක් නැහැ. සමහරු ඇස් ඇරගෙන නිදා ගන්නවා. ඒ වෙලාවට ඇසත් තියෙනවා. රූපත් තියෙනවා හැබැයි පේන්නේ නැහැ. ඒ නොපෙනුණේ සිත ක්‍රියාත්මක නොවුණු නිසයි. ශබ්දය ඇහෙන්නත් කණයි, ශබ්දයයි, සිතයි එකතුවීම (ස්පර්ශ වීම) අවශ්‍යයි. වෙන කල්පනාවක ඉන්න වෙලාවට කවුරුහරි අපට කතා කළොත් ඇහෙන්නේ නෑ නේද? ඒ

වෙලාවේ ඒ ශබ්දය කෙරෙහි සිත ක්‍රියාත්මක වුණේ නැති නිසයි එහෙම වුණේ. ගඳසුවඳ දැනෙන්නත් නාසයයි, ගඳ-සුවඳයි, විඤ්ඤාණයයි ස්පර්ශ වීම අවශ්‍යයි. දිවයි, රසයයි, විඤ්ඤාණයයි ස්පර්ශ වීමෙන් විඳීම ඇතිවෙනවා, කයයි, පහසයි, විඤ්ඤාණයයි ස්පර්ශ වීමෙන් විඳීම ඇතිවෙනවා. මනසට සිතුවිල්ලක් දැනෙන්නේ මෙහෙමයි. ඒ සඳහා මනසට සිතුවිල්ලකුත් අවශ්‍යයි. ඒ සිතුවිල්ල සිතින් දැනගන්නත් ඕන. අන්න ඒ දැනීමත් අවශ්‍ය වෙනවා. මනසයි, සිතුවිලියි, දැනීමයි ස්පර්ශ වීමෙන් සිතුවිලි විඳිනවා. මෙන්න මේ ස්පර්ශය නිසා විඳීම ඇතිවෙනවා. මේ සියල්ලමත් නැසී වැනසී යන දේවල්. වේදනා ස්කන්ධය ගැන ඉදිරියේදී දැනගන්නට පුළුවන්.

සංඥා

සංඥා කියන්නේ හඳුනාගැනීමටයි. රූප, ශබ්ද, ගඳසුවඳ, රස, පහස, සිතුවිලි තමයි අප හඳුනාගන්නේ. ස්පර්ශය ඇතිවුණු ගමන් හඳුනාගැනීම සිදුවෙනවා. සංඥා ස්කන්ධය ගැන ඉදිරියේ විස්තර වෙනවා.

සංඛාර

සංඛාර කියන්නේ චේතනාත්මක ක්‍රියාවටයි. චේතනාව කියන්නේ කර්මයටයි. **(චේතනාහං භික්ඛවේ කම්මං වදාමි)** "මහණෙනි, මම චේතනාවටම කර්මය යයි කියමි." කර්මයෙන් කරන්නේ විපාක හදලා දෙන එකයි. කර්මය හැදෙන්නේ චේතනාවෙනුයි. ඒකටයි සංඛාර කියලා කිව්වේ. ඇසේ, කණේ, නාසයේ, දිවේ, කයේ, සිතේ, ස්පර්ශය ඇතිවුණු ගමන් චේතනාව පහළ වෙනවා.

විඤ්ඤාණය

විඤ්ඤාණය කියලා කියන්නේ යමක් සිතින් දැනගන්නා ස්වභාවයටයි. තේරුම් ගැනීමේ පහසුව සඳහා විඤ්ඤාණය කියන්නේ 'සිත' කියලා අපි දැනට පැහැදිලි කරගනිමු. විඤ්ඤාණය (සිත) තනිව පවතින එකක් නොවෙයි. රූප, වේදනා, සංඥා, සංඛාර කියන හතරත් සමඟමයි විඤ්ඤාණය පවතින්නේ. රූපයකින් තොරව සිතක් (විඤ්ඤාණය) පවතින්නේ නැහැ. විඳීමකින්, හඳුනාගැනීමකින්, විපාක පිණිස කර්ම සකස් වීමකින් තොරව සිතක් පවතින්නේ නැහැ. විඤ්ඤාණය ඇසේ, කණේ, නාසයේ, දිවේ, කයේ, සිතේ හටගන්නවා. විඤ්ඤාණය ඇතිවෙන්නෙ නාමරූප කියන දෙක නිසා බව බුදුරජාණන් වහන්සේ පෙන්වා දී තිබෙනවා.

එහෙනම් මේ ඉපදී ඉපදී මැරී මැරී යන ලෝක සම්බන්ධවෙලා තියෙන්නේ රූප, වේදනා, සංඥා, සංඛාර, විඤ්ඤාණ කියන පහ එක්කයි. ජාති, ජරා, මරණ සියල්ලම තියෙන්නේ මේ උපාදාන ස්කන්ධ පහ නිසයි. උපාදාන ස්කන්ධ පහ ගැන වැඩි විස්තර ඉදිරියේ තිබෙන සූත්‍රය කියවීමෙන් පැහැදිලි වේවි.

සාදු! සාදු!! සාදු!!!

නමෝ තස්ස භගවතෝ අරහතෝ සම්මාසම්බුද්ධස්ස
ඒ භාග්‍යවත් අරහත් සම්මා සම්බුදුරජාණන් වහන්සේට නමස්කාර වේවා!

03. මහා පුණ්ණමා සූත්‍රය

(මජ්ඣිම නිකාය 03 - දේවදහ වර්ගය)

එදා පුන්සඳ ඇති රැයක්. සැවැත්නුවර පූර්වාරාමයේ එළිමහන සඳරැස් වලින් නැහැවී තිබුණා. බුදුරජාණන් වහන්සේ සඳ පිරුණු රාත්‍රියට, භික්ෂු සංඝයා පිරිවරාගෙන එළිමහනෙහි වැඩහිඳින්නට බොහොම කැමතියි. බුදුරජාණන් වහන්සේ නමක් පුන්සඳ පායා ඇති රාත්‍රියක භික්ෂු සංඝයා පිරිවරාගෙන දහම් දෙසන විට, එය කෙතරම් ලස්සන චමත්කාරජනක දහම් සභාවක් වෙන්නට ඇද්ද? පුණ්ණමා කියන්නේ පිරුණු සඳටයි. පිරුණු සඳ ඇති රාත්‍රියක කළ දේශනාවක් නිසා මෙය **'මහා පුණ්ණමා සූත්‍රය'** වශයෙන් හැඳින්වෙනවා.

තරු වටකරගෙන හඳ පෑව්වා වගේ...

විශාඛාව විසින් සාදවා දුන් පූර්වාරාමයේ එළිමහනෙහි තිබෙන වැලිතලාවට සඳරැස් වැටී තිබුණ

වෙලාවේ, ඒ අසල තිබෙන ගසකට පිටදී, සඳකැන් දහරින් අලෝකමත් වූ පුංචි ගල්තලාවක් උඩ භාග්‍යවත් බුදුරජාණන් වහන්සේ විවේක සුවයෙන් වැඩඉන්නවා. උන්වහන්සේ වටකරගෙන භික්ෂූන් වහන්සේලා වැලි තලාව මත ඉඳගෙන ඉන්නා අතර, කෙළවරක සිටි එක් ස්වාමීන් වහන්සේ නමක් නැගී සිටිමින් සිවුර ඒකාංශ කරලා පොරවාගෙන භාග්‍යවත් බුදුරජාණන් වහන්සේට දොහොත් මුදුන් දී වැඳගෙන මෙහෙම අහනවා,

පංච උපාදානස්කන්ධය පිළිබඳ සදහම් පිළිසඳර...

"ස්වාමිනී, භාග්‍යවතුන් වහන්ස, මට ප්‍රශ්නයක් අහන්න අවසරද?"

"පින්වත් භික්ෂුව, ඔය විදිහටම වාඩිවෙලා ඉඳගෙන ඔබගේ ප්‍රශ්නය අහන්න."

"ස්වාමීනි, පංච උපාදානස්කන්ධය කියලා කියන්නේ රූප උපාදානස්කන්ධය, වේදනා උපාදානස්කන්ධය, සංඛාර උපාදානස්කන්ධය, සංඥා උපාදානස්කන්ධය, විඤ්ඤාණ උපාදානස්කන්ධය කියන මේවටද?"

"පින්වත් භික්ෂුව, පංච උපාදානස්කන්ධය කියලා කියන්නේ ඒ පහට තමයි."

පංච උපාදානස්කන්ධය තියෙන්නේ තණ්හාව නිසයි...

ඊළඟට මේ භික්ෂූන් වහන්සේ තවත් ප්‍රශ්නයක් බුදුරජාණන් වහන්සේගෙන් අහනවා,

"භාග්‍යවත් බුදුරජාණන් වහන්ස, මේ පංච

උපාදානස්කන්ධය පවතින්නේ කුමක් මුල්කර ගෙනද?" බුදුරජාණන් වහන්සේ පහදා දෙනවා, පංච උපාදානස්කන්ධයම පවතින්නේ ඡන්දය මුල්කරගෙන බව. ඒ කියන්නේ කැමැත්ත, එහෙම නැත්නම් ආශාව නිසා තමයි මේ පහම පවතින්නේ.

පංච උපාදානස්කන්ධය කැමැත්තෙන් ඇලීයෑමයි උපාදානය...

ඊළඟට උන්වහන්සේ තවත් ප්‍රශ්නයක් අහනවා,

"බුදුරජාණන් වහන්ස, මේ රූප, වේදනා, සංඥා, සංඛාර, විඤ්ඤාණ කියන පංච උපාදානස්කන්ධයමද උපාදාන වෙන්නේ? එහෙම නැත්තම් ඉන් බැහැර එකක්ද උපාදාන වෙන්නේ?"

මේ ප්‍රශ්නයට බුදුරජාණන් වහන්සේ මෙහෙම පිළිතුරු දෙනවා,

"පින්වත් භික්ෂුව, පංච උපාදානස්කන්ධයම උපාදාන වෙන්නේ නැහැ. එයින් පිට දෙයක් උපාදාන වෙන්නෙත් නැහැ. පංච උපාදානස්කන්ධය කෙරෙහි කැමැත්තෙන් ඇලීමක් ඇද්ද, අන්න ඒක තමයි උපාදානය,

පංච උපාදානස්කන්ධය නම් දුකයි...

බුදුරජාණන් වහන්සේ ප්‍රථම ධර්ම දේශනයෙදි දුක ගැන පැහැදිලි කරමින්, පංච උපාදානස්කන්ධයම දුකක් බව පෙන්නා දුන්නා. ඉපදීම, වයසට යාම, ලෙඩ වීම, මරණය, අප්‍රියයන් හා අප්‍රිය දේ හා එකතු වෙන්න ලැබීම, ප්‍රියයන් හා ප්‍රිය වස්තූන්ගෙන් වෙන්වීම, තමන් කැමති දේ නොලැබීම දුකයි. කෙටියෙන් කිව්වොත් පංච

උපාදානස්කන්ධයම දුකයි කියලා දේශනා කළා.

යම් තැනක සතරමහා භූතයින්ගෙන් සැදුණු දෙයක් තියෙනවා නම් එතැන ඇත්තේ දුකයි. විඳීමක් තියෙනවාද, එතැන තියෙන්නේ දුක. හඳුනාගැනීමක් තියෙනවා නම් තියෙන්නේ දුකයි. චේතනාවෙන් යමක් හැදෙනවාද, එතැන තියෙන්නේ දුකයි. විඤ්ඤාණයක් හටගන්නවාද එතැනත් තියෙන්නේ දුක.

දුක නැත්නම් සංසාරයක් නෑ...

යම් තැනක දුක තියෙනවා නම්, එතැන තියෙන්නේ සංසාරයයි. දුක නැත්නම් සංසාරයක් නැහැ. දැන් අපට සංසාරයක් තියෙනවා. ඒක පවත්වන්නේ රූප, වේදනා, සංඥා, සංඛාර, විඤ්ඤාණ කියන පහ විසිනුයි. මේ පහ පවතින්නේ කැමැත්ත මුල්කර ගෙනයි. මේ පහට කැමැත්තෙන් ඇලුණොත්, ඒ ඇලෙන්නේ දුකටයි. එහෙම නම් දුක පවතින්නේ පංච උපාදානස්කන්ධය කෙරෙහි ඇති කැමැත්ත මුල් කරගෙනයි.

බිත්තියක ඇන්ද චිත්‍රයක් වගෙයි...

පංච උපාදානස්කන්ධයේ ක්‍රියාවලිය බිත්තියක අඳින ලද චිත්‍රයක් වගේ. අපේ ජීවිතත් බිත්තියක ඇන්ද චිත්‍ර වගේ තමයි. බිත්තියක ලස්සන චිත්‍රයක් ඇන්දහම බිත්තිය පේන්නේ නැහැ. පේන්නේ චිත්‍රයයි. නමුත් ඒ පෙනෙන චිත්‍රය අතින් ඇල්ලුවොත් අහුවෙන්නේ බිත්තියයි. ඒ චිත්‍රයේ තියෙන දේ අතට අල්ලන්න බැහැ. ඒ වගේ තමයි අපේ ජීවිතත්. හැමතිස්සේම චිත්‍රය දිහා බලාගෙන රැවටෙනවා. එතැන සැබැවින්ම තියෙන්නේ බිත්තියක් බව වැටහෙන්නේ නැහැ. ඒ වගේ මුලාවකට

රැවටෙමින්, ජීවිතයෙහි ඇත්ත තත්වය දකින්නට බැරිවුණු නිසා තමයි, අපට මේ දීර්ඝ ගමන යන්නට සිදුව තිබෙන්නේ. යම් දවසක බිත්තිය දැක්කා වගේ, ජීවිතයෙහි සත්‍යයද දකින්නට පුළුවන් වුණොත්, එදාට දුකත් අවසන්, දුකින් පිරුණු සංසාර ගමනත් අවසන්.

මේ වැයම මුලාවෙන් ගොඩගන්නයි...

මේ තරම් ලස්සනට, පැහැදිලිව බුදුරජාණන් වහන්සේ විසින් පහදාදී තිබෙන 'දුක' ගැන තේරුම් නොගෙන 'මම' කියන පුද්ගලයා නැතිවේය යන බියෙන්, 'මම' කියන බොරු චිත්‍රයකට රැවටෙමින් මේ සංසාර ගමන පවත්වන්නට කැමති පිරිස කොයිතරම් නම් ඉන්නවාද? සංසාර ගමන පවත්වන්නට මුල්වෙන කරුණු පෙන්වා දුන් විට ඒවා නුසුදුසු යයි කියන, ඒවාට විරුද්ධ පිරිස් කොයිතරම් ඉන්නවද? බොහෝ දෙනෙකු කියන්නේ, තමන් නිවන් දකින්නට කැමති බවයි. ඒක තමන් අදහන ආගමේ තියෙන දෙයක් නිසා නිකම්ම නිකන් කියනවා මිසක්, බොහෝ දෙනකුට ඒ සඳහා ඕනකමක් පෙනෙන්නට නැහැ. එහෙම ඕනකමක් තියෙනවා නම් අඩු තරමින් මේ ජීවිත පැවැත්ම දුක බව අවබෝධ කරගනිමින් එය නැවැත්වීමට කැමති විය යුතුයි. ඊට පස්සේ සංසාරය පවත්වන දුක හැදෙන හේතුව සොයා ගන්නට පුළුවන්. මේ කාරණා දෙක තේරුම් ගත්තොත් තමයි දුක නැති කිරීමේ අදහසට පැමිණ දුක නැති කිරීම පිළිබඳ වැඩ පිළිවෙලට එන්නට පුළුවන් වෙන්නේ. අපගේ උත්සාහය නම්, මුලා වී සිටින බුද්ධිමත් ජනතාව වෙත බුදුරජාණන් වහන්සේ විසින් පහදා දී, ජීවිතය පිළිබඳ සත්‍යය වටහා දෙමින්, ඔවුන් මුලාවෙන් ගොඩගෙන සත්‍යයක් කරා මෙහෙයවීමයි.

බැඳීයාම විවිධාකාරයි...

පූර්වාරාමය අවට පරිසරය සඳ රැසින් නැහැවිලා. මේ ශාන්ත, සුන්දර, නිශ්චල රාත්‍රියෙහි පින්වත් භික්ෂූන් වහන්සේලා පිරිසක් ජීවිතයේ සත්‍ය කතන්දරයට දෙසවන් යොමාගෙන සිටිනවා. බුදුරජාණන් වහන්සේ ඒ භික්ෂු පිරිස මැද වැඩහිඳිමින්, ජීවිතයේ යථාර්ථය පැහැදිලි කරමින් සිටිනවා. එවිට අර ප්‍රශ්න අසන භික්ෂූන් වහන්සේ තමන්ගේ ඊළඟ පැනය බුදුරජාණන් වහන්සේගෙන් මෙසේ අසා සිටියා.

"භාග්‍යවතුන් වහන්ස, පංච උපාදානස්කන්ධයන්ට කැමැත්තෙන් ඇලීමේ වෙනස්කම් තියෙනවාද?"

"පින්වත් භික්ෂුව, මේ ලෝකෙ යම් කෙනෙකුට මෙහෙම හිතෙනවා. අනාගතයේ මං මේ වගේ රූප ඇති කෙනෙක් වෙනවා. මේ විදිහේ විඳීම් ඇත්තෙක් වෙනවා. මේ මේ ආකාරයේ සංඥා, සංඛාර, විඤ්ඤාණ ඇත්තෙක් වෙනවා. මේ විදිහට පංච උපාදානස්කන්ධයෙන් ගැන කැමැත්තෙන් බැඳී යාමේ විවිධත්වයක් තියෙනවා."

දැන් බලන්න... අපටත් හිතෙනවා, 'මම මේ විදිහේ කෙනෙක් වෙන්න කැමැතියි. අසවල් ඇඳුම් අඳින්න, අසවල් කෑම කන්න, අර වගේ හැඩරුව ලබන්න. මේ වගේ හඬක් ලබන්න කැමතියි' කියලා. මේ විදිහට කිය කියා අල්ලන්නේ පංච උපාදාන ස්කන්ධයයි. ඒ කෙරෙහි බැඳී යාම විවිධයි.

ඕනකම තිබුණු පමණින්ම නිවන් ලබන්න බැහැ...

භාවනා පන්තිවලට සහභාගි වෙන පිරිසගෙන්

ඇහුවොත්, 'අනාගතේ කොහොම වෙන්නද කැමති?' කියල වැඩි දෙනෙක් කියන්නේ, 'අපි නිවන් දකින්න කැමතියි' කියලයි. මොකද ධර්ම ශ්‍රවණය තුළින් ඇතිකර ගත් දහම ජීවිත අත්දැකීම් එක්ක ගලපලා, මේ සංසාර ගමන දුකක් බව තේරුම්ගන්නා පිරිසක් නිසා, මේ අය අවංකවම කරන ප්‍රකාශයක් ඒක. නමුත් ඇත්තටම ඕනකම විතරක් තිබූ පමණින්ම නිවන් දකින්නට බැහැ. මේ සංසාර ගමන හේතුවක් නිසා හටගත් ඵලයක් නම්, ඒක වළක්වන්න හේතුව නසන්නටම වෙනවා. එවිටයි ඵලය නැතිවෙන්නේ. දුකක් නැතුව ඉන්න අපි කවුරුත් කැමතියි. නමුත් බාහිර ලෝකෙන් ප්‍රශ්න එනකොට ඔළුවේ කැක්කුමත් හැදෙනවා. හරියට මහා වදයක් වගේ තේරෙනවා. ඒ වගේ දේවල් වෙන්නේ නැතුව තියෙනවාට, අපි කවුරුත් අවංකවම කැමතියි නේද? නමුත් කැමැත්ත තිබුණු පමණින් එහෙම වෙන්නේ නැහැ. ඒ වගේ තමයි නිවනත්. කැමැත්ත තිබූ පමණින් ලැබෙන්නේ නැහැ. අන්න ඒ නිසයි මේ වෙනස්කම් වලින් යුතු ලෝකයෙන් නිදහස් වෙන්න අප සැලැස්මක් හදන්නේ. 'මේ ජීවිතයෙන් අසවල් තැනට යනවා, අසවල් තැනින් අසවල් තැනට යනවා. එතැනින් ගමන ඉවර කරනවා' කියලා සැලසුම් කරලා, ඒ අනුව කටයුතු කිරීම අවශ්‍ය වෙනවා. එවිටයි අවංක උවමනාව මල්ඵල ගැන්වෙන්නේ.

එතකොට 'මට' මොකද වෙන්නේ...?

පැහැදිලි සැලැස්මක්, උත්සාහයක් නැතුව මේ දුකේ කෙළවරක් දකින්න බැහැ. සසර දුකෙන් මිදෙන්න කැමති වුණත්, මේ ක්‍රියාදාමය තේරෙන්නේ නැත්නම් ඒක කරන්න බැහැ. හේතුඵල වශයෙන් අවබෝධ කරලා

නැත්නම්, පංච උපාදානස්කන්ධයක් පවතින බව දන්නේ නැත්නම්, එයා හිතනවා, 'දැන් මම ඉන්නවා. නමුත් පිරිනිවන් පෑවට පස්සේ මම නැතුව යනවා. එතකොට මට මොකද වෙන්නේ.? අනේ මට නම් බෑ...' මෙහෙම කියන අය ඕනතරම් ඉන්නවා. මෙහෙම වෙන්නෙ මවාගත් මමත්වයට ඇලිලා හිතේ ඇති කරගත්තු බය නිසයි. මේ නිසයි මනුෂ්‍යයා දුක් පොදි බැඳගෙන සංසාරේ යන්නේ.

මමත්වයෙන් නිදහස් වී සංසිඳෙමු...

ඒ නිසා ධර්මය අහලා, මේ පැටලැවිල්ල හරියට දැකීමෙන් අපි ඒක නිරවුල් කරගන්න ඕන. හේතුඵල දහම දකින්නට ඕන. එතකොටයි අපට මමත්වයෙන් නිදහස් වෙන්නට ඕන වෙන්නේ.

මමත්වයෙන් නිදහස් වුණු කෙනාට සංසිඳීයාම සැපයක්. **(සබ්බෙ සංඛාරා අනිච්චාති, යදා පඤ්ඤාය පස්සති, අථ නිබ්බින්දති දුක්ඛෙ, ඒස මග්ගෝ විසුද්ධියා)** යම්කිසි කෙනෙක් කවදාහරි දවසක සියලු සංස්කාරයෝ අනිත්‍ය බව නුවණින් දැක අවබෝධ කළාද, එදාට එයා දුක කෙරෙහි කළකිරෙනවා. මේ නිවන් මාර්ගයයි. **(අනිච්චා වත සංඛාරා)** ඒකාන්තයෙන්ම මේ සංස්කාර වෙනස් වෙනවා. **(උප්පාද වයධම්මිනෝ)** හට අරගෙන නැසීයන ධර්මතාවයෙන් යුක්තයි. **(උප්පජ්ජිත්වා නිරුජ්ඣන්ති)** හට අරගෙන නැති වී යනවා. **(තේසං වූපසමෝ සුඛෝ)** ඒවායින් සංසිඳීම සැපයයි. මේවා නිතරම මළගෙවල් වලදී අහනවා. නමුත් කවුරුත් අවබෝධ කරගන්න උත්සාහ කරන්නේ නෑ.

නිවන් මග විවර කරගනිමින්...

"භාග්‍යවත් බුදුරජාණන් වහන්ස, රූප උපාදානස්කන්ධය, වේදනා උපාදානස්කන්ධය, සංඥා උපාදානස්කන්ධය ආදී වශයෙන් කියනවා. මොකක්ද ස්වාමීනී 'ස්කන්ධ' කියන්නේ...?"

"පින්වත් භික්ෂුව, අතීත වේද, අනාගත වේද, වර්තමාන වේද, තමා යයි සලකයිද, තමාගෙන් බාහිර යයි සලකයිද, ගොරෝසු යයි සලකයිද, සියුම් යයි සලකයිද, හීන හෝ ප්‍රණීත හෝ, දුර හෝ ළඟ හෝ යම් රූපයක් ඇද්ද, එය රූප ස්කන්ධයයි.

අතීත, අනාගත, වර්තමාන, තමා, තමාගෙන් බාහිර, ගොරෝසු- සියුම්, හීන-ප්‍රණීත, දුර-ළඟ යම් වේදනාවක් ඇද්ද, එය වේදනා ස්කන්ධයයි.

අතීත, අනාගත, වර්තමාන, තමා, තමාගෙන් බාහිර, ගොරෝසු-සියුම්, හීන-ප්‍රණීත, දුර-ළඟ, යම් සංඥාවක් ඇද්ද, එය සංඛාර ස්කන්ධයයි.

අතීත, අනාගත, වර්තමාන, තමා, තමාගෙන් බාහිර, ගොරෝසු-සියුම්, හීන-ප්‍රණීත, දුර-ළඟ, යම් චේතනාවක් ඇද්ද, එය සංඛාර ස්කන්ධයයි.

අතීත, අනාගත, වර්තමාන, තමා, තමාගෙන් බාහිර, ගොරෝසු-සියුම්, හීන-ප්‍රණීත, දුර-ළඟ, යම් විඤ්ඤාණයක් ඇද්ද, එය විඤ්ඤාණ ස්කන්ධයයි. ස්කන්ධ කියන්නේ ඒවාටයි.

ස්කන්ධය කියන වචනයේ තේරුම නම් කාලය හා අවකාශය (පරිසරය) අතර පැවැත්මයි.

කාලය

කාලය නම් අතීත, අනාගත, වර්තමාන කියන තුනයි. (**අතීතං නිරුද්ධං විපරිණතං**) වෙනස් වී ගිය, නැසී ගිය දෙයටයි අතීතය කියන්නේ. වෙනස් වෙන දෙයක ලක්ෂණ නම් හටගැනීමක් පේනවා, වෙනස් වෙමින් පැවතීමක් පේනවා, වැනසීමක් පේනවා. මේ සංඛතයක ලක්ෂණයි. අතීතයේ නැතිවී ගියා නම් නැතිවෙන්න තියෙන්නේ සතර මහා භූතයන්ගෙන් හටගත් දෙයක්. ඒ කිව්වේ රූපයක්. නැත්නම් විඳින ලද දෙයක්. එහෙමත් නැත්නම් හඳුනාගත් දෙයක්. නැත්නම් චේතනාවකින් හටගත්තු දෙයක්. එහෙම නැත්නම් සිතක්. මෙයින් පිට නැතිවෙන්නට යමක් නැහැ.

ඊළඟට අනාගතය. (**අජාතං අපාතුභූතං**) අනාගතය කියන්නේ තවම හට නොගත්, පහළ නොවුණු දේටයි. හෙට කරන්නට හිතාගෙන ඉන්නා දේවල් තවම හට නොගත් දේයි.

වර්තමානය කියන්නේ, (**ජාතං පාතුභූතං**) මේ දැන් හට අරගෙන තිබෙනවා, පහළ වෙලා තියෙනවා. මේ කාල තුනම පවතින්නේ අනිත්‍යය පදනම් කරගෙනයි. වෙනස්වෙන නිසා තමයි අතීතයට යන්නේ. හෙට අද වෙනවා. අද ඊයේ වුණා. කාලය අනිත්‍ය ධර්මයට අයිතියි.

අවකාශය

අනෙක් අනිත්‍ය වූ දෙය අවකාශයයි. අවකාශය කියන්නේ පරිසරයයි. අවකාශය තුළ තියෙන්නේ තමා යයි සලකන යමක්. නැත්නම් තමාගෙන් බාහිර අනුන් යයි සලකන යමක්. නැත්නම් ගොරෝසු දේවල්. සියුම් දේවල්.

නැත්නම් හීන-ප්‍රණීත දේවල්. බුදුරජාණන් වහන්සේ මෙතැන හීන-ප්‍රණීත කියලා බෙදන්නේ මෙහෙමයි. හීන කියන්නේ රූප, ශබ්ද, ගන්ධ, රස, ස්පර්ශ විඳින කාම ලෝකයටයි. අප ඉන්නේ හීන ලෝකයකයි. ප්‍රණීත කියන්නේ රූප-අරූප ලෝකවලටයි. එහෙමත් නැත්නම් දුර හෝ ළඟ පවතින දේවල්. මෙයින් පිට කිසිම දෙයක් පරිසරය තුළ ඇත්තේ නැහැ.

මෙන්න මේ විදිහට විස්තරාත්මකව කාලය හා අවකාශය තුළ තිබෙන දේවල් 11 ක් ගැන බුදුරජාණන් වහන්සේ 'ස්කන්ධ' ලෙසින් පෙන්වා දුන්නා. ස්කන්ධ කියන වචනයේ තේරුම නම් කාලය හා අවකාශය තුළ තියෙන පැවත්මයි.

- කාලය හා අවකාශය තුළ පවතින යම් රූපයක් ඇද්ද, එය රූප ස්කන්ධයයි.
- කාලය හා අවකාශය තුළ පවතින යම් විඳීමක් ඇද්ද, එය වේදනා ස්කන්ධයයි.
- කාලය හා අවකාශය තුළ පවතින යම් හඳුනාගැනීමක් ඇද්ද, එය සංඥා ස්කන්ධයයි.
- කාලය හා අවකාශය තුළ පවතින යම් චේතනාවක් ඇද්ද, එය සංඛාර ස්කන්ධයයි.
- කාලය හා අවකාශය තුළ පවතින යම් විඤ්ඤාණයක් ඇද්ද, එය විඤ්ඤාණ ස්කන්ධයයි.

කාලය හා අවකාශයට අයිති වන්නේ අතීත, අනාගත, වර්තමාන, තමා, තමාගෙන් බාහිර, ගොරෝසු, සියුම්, යහපත්, අයහපත්, දුර හා ළඟ තිබෙන දේයි.

ඉපදුණු ගමන් ඇවිදින්න හදන අය...

දැන් පැහැදිලියි නේද බුදුරජාණන් වහන්සේගේ නුවණ ගැන. උන්වහන්සේ සම්මා සම්බුද්ධයි. උන්වහන්සේගේ නුවණින් දුටු දේ අපේ නුවණට වැටහෙන ප්‍රමාණයට විග්‍රහ කරන්නට ගියොත්, ඒක හරියට අද ඉපදුණු දරුවෙක් ඇවිදින්න හදනවා වගේ වැඩක්. සමහර බුද්ධාගම්කාරයෝ මේ කාල තුන ගැන කතා කරන්නේ නැහැ. ඒ අය කියන්නේ ඇතිවෙමින්, නැතිවෙමින් පවතින වර්තමානයක් තිබෙන බව පමණයි. ධර්මයෙන් පිට ඔය වගේ දේවල් කියන අයගෙන් ප්‍රවේශම් විය යුතුයි. බුදුරජාණන් වහන්සේ විසින් ඉතා පැහැදිලිව දේශනා කොට තිබෙන කරුණු පටලවා ගන්න එපා. එහෙම පටලවා ගන්නවා නම් පටලවාගන්නේ තමන්ගේ මතයට පහදා දෙන අය හා ඒ දේවල් ඒ ආකාරයෙන් පිළිගන්නා අයගේ මන්දබුද්ධික භාවය නිසයි.

විඤ්ඤාණය ගැට ගැටද? ස්කන්ධය ගුලි ගුලිද?

දැන් ස්කන්ධ ගැන හොඳින් පැහැදිලියි නේද? හරියට පැහැදිලි කරගත්තට පස්සේ කලින් දැනගෙන තිබුණු මතවල ඉන්නට අවශ්‍ය නැහැ. 'ස්කන්ධ' කියන්නේ ගොඩවල් නෙවෙයි. දවසක් වාහනයක ගමනක් යද්දී එක ස්වාමීන් වහන්සේ නමක් මගෙන් අහනවා, "විඤ්ඤාණය කියන්නේ ගැට ගැට එකක්ද?" කියලා. බුදුරජාණන් වහන්සේ එහෙම දේශණා කරල නැති බව මා කිව්වා. එතකොට උන්වහන්සේ නිශ්ශබ්ද වුණා. කොහොමද දේශනා කරලා තියෙන්නේ කියලවත් ඇහුවේ නැහැ. ආයිම තව ටිකක් දුර යද්දී ඇහුවා, "'ස්කන්ධ' කියන්නේ ගුලි ගුලිද...? එහෙම දේශනා කරලත් නැහැ කියලා

මම කිව්වා. නමුත් ඒ ගැන වැඩිදුර ඇහුවේ නැහැ. ඒ කියන්නේ ධර්මය ඉගෙන ගෙනත් නැහැ. ඉගෙනගන්න උවමනාවකුත් නැහැ.

බුදුරජාණන් වහන්සේටත් ඉහළින්...

බුදුරජාණන් වහන්සේ මේතරම් ලස්සනට මේ පිළිබඳව පැහැදිලි කර දී තියෙද්දීත් ඒවා පිළිනොගන්නා අය බොහෝ ඉන්නවා. ඒ අය කියන්නේ ධර්මය එක් එක්කෙනා ලියන ලද පොත්වල තිබෙන දේවල් නිසා, ඒවා පිළිගන්නට බැරි බවයි. එහෙම කෙනෙක් මා සමඟ කියනවා, "බුදුරජාණන් වහන්සේ 'කාලාම සූත්‍රයේදී' පිටක පොත්වලින් එන දේවල් පිළිගන්න එපා" කියලා දක්වලා තියෙන බව. මා එයාට පිළිතුරු දුන්නා, "බුදුරජාණන් වහන්සේ උන්වහන්සේගේ ධර්මයත් විමසන්නෙ නැතිව පිළිගන්නට එපා කියලා තියෙනවා නම්, ඔබ කියන දේ කොහොමවත් පිළිගන්න ඕනේ නැහැනේ" කියලා. අන්න ඒ වගේ නිවැරදි අවබෝධයත් සමඟ ප්‍රතික්ෂේප කළ යුතු දේ ප්‍රතික්ෂේප කළ යුතුයි.

පිදුරු ගොඩේ රත්තරන් බැහැ....

බෑග් එකක පිදුරු ටිකක් දාගෙන ගමනක් යනකොට කෙනෙක් අපට රත්තරං ගෙනැවිත් දෙනවා. ඒක අපි පිදුරු ගොඩේ දාන්නේ නැහැ. පිදුරු ටික අයින් කරලා රත්තරන් ටික පරිස්සමෙන් තැන්පත් කරගෙන තමයි ගෙනියන්නේ. පිදුරු ගොඩේම රත්තරං දාගෙන ගියොත්, රත්තරං ගන්න එකපාරට බෑග් එක ඇතුළට අතදාලා ඇදලා ගත්තොත් එන්නේ පිදුරු තමයි. රත්තරං අහුවෙන්නේ නැහැ. ඒ වගේ අධර්ම ගොඩේ ධර්මය

පටලවාගෙන ප්‍රශ්න අහන අය ඉන්නවා. ශ්‍රී සද්ධර්මය සහ පුද්ගලික මත, අධර්ම ගොඩේ දා නොගෙන, අවශ්‍ය දේ විතරක් අරගෙන යන්න සමත් විය යුතුයි.

හණ මිටි බැඳගෙන යමුද...?

දවසක් මනුස්සයෝ දෙන්නෙක් හණ මිටි දෙකක් කරගහගෙන ගමනක් ගියා. ටික දුරක් යනකොට තඹ ගොඩක් හමුවුණා. එක්කෙනෙක් හණ මිටිය විසි කරලා තඹ මිටියක් බැඳගෙන කර තියා ගත්තා. අනෙත් කෙනා 'මම කරගහගෙන ආ එක මට හොඳයි' කියලා හණ මිටියම අරගෙන ගියා. ටික දුරක් යනකොට, රිදී ගොඩක් හමුවුණා. තඹ මිටිය බැඳගෙන හිටි කෙනා ඒක අතෑරලා, රිදී මිටියක් බැඳ ගත්තා. අනිත් කෙනා හණමිටියම කරගහගෙන ගියා. තව ටිකක් යනකොට රත්තරන් ගොඩක් හමුවුණා. රිදී මිටිය තිබුණු කෙනා ඒක අතෑරලා, රත්තරන් මිටියක් බැඳගෙන යාළුවට කිව්වා 'දැන්වත් ඔය හණ මිටිය විසිකරල රත්තරන් ගන්න...' කියලා. 'රත්තරන් නම් වටිනවා තමයි. ඒත් මම මෙච්චර දුරක් කර තියාගෙන ආව හණ මිටිය අතාරින්නේ කොහොමද?' කියලා එයා හණ මිටියම කරගහගෙන ගියා. දෙන්නගෙම ළඟ හණ මිටි දෙකක් මුලින් තිබුණේ. එක් කෙනෙක් නොවටිනා දේ අත්හැරලා වටිනා දේ හඳුනාගන්න සමත් වුණා. අනෙක් කෙනා වටිනා දේ හඳුනාගන්න බැරිව නොවටිනා පරණ හණමිටියම කරගහගෙන ගියා. අන්න ඒ වගේ තමයි ධර්මය තේරුම් ගැනීමත්. ධර්මය තේරුම් ගන්න කොට හණමිටිය අත්හැරලා ධර්මය ගන්න ඕන. ඒ වගේම තමයි මෙහෙම හිතුවොත්, 'අපි ස්කන්ධ කියලා දැනගෙන හිටියේ ගොඩවල් වලට. මොනවද මේ

හාමුදුරුවෝ කියන්නේ?' කියලා. මේ විදිහට හිතුවොත්, ගන්නේ හණමිටියයි. එහෙම නෙවෙයි වෙන්න ඕන. තේරුම්ගන්න තේරුම් ගන්න අප ඉස්සරහට යන්න ඕන. එතකොටයි ධර්මය අවබෝධ කරන්නේ.

ස්කන්ධය පණවන්නට හේතුව...

හික්ෂූන් වහන්සේලා දෙසවන් යොමා ගෙන මේ උතුම් සදහම් අසාගෙන සිටියා. ඊට පස්සේ අර ස්වාමීන් වහන්සේ තවත් ප්‍රශ්නයක් ඇහුවා,

"භාග්‍යවත් බුදුරජාණන් වහන්ස, ස්කන්ධ කියා දෙයක් ඇතිවෙන්නට හේතු වූ කාරණා මොනවාද? රූප උපාදාන ස්කන්ධය කුමක් නිසා හටගත්තාද? වේදනා සංඥා, සංඛාර, විඤ්ඤාණ උපාදානස්කන්ධ කුමන හේතුවකින් හටගත්තාද?"

"පින්වත් හික්ෂුව, රූප ස්කන්ධය හටගන්නේ සතර මහා භූතයන්ගෙන්. වේදනාස්කන්ධය, සංඥා ස්කන්ධය, සංඛාර ස්කන්ධය හට අරගෙන තියෙන්නේ ස්පර්ශය නිසා. විඤ්ඤාණස්කන්ධය නාමරූප නිසා ඇති වූ දෙයක්."

සතර මහා ධාතූන්

සතර මහා ධාතූන් කියන්නේ පඨවි, ආපෝ, තේජෝ, වායෝ කියා හඳුන්වන අවස්ථා හතරටයි.

1. පඨවි ධාතුව :- පොළොවට පස් වෙලා යන කොටස් පඨවි ධාතුවයි. මේවා ඝණ අවස්ථාවේ පවතිනවා. පරිසරයේ තිබෙන ඝණ අවස්ථාවේ පවතින සියලුම කොටස් පොළවට පස් වී යනවා.

• බුදුරජාණන් වහන්සේ විසින් ශරීරය තුළ ඇති පඨවි ධාතු කොටස් (ආධ්‍යාත්මික පඨවි ධාතුව) මෙසේ බෙදා දක්වනවා. ඒවා නම්,

කෙස්/ ලොම්/ නිය/ දත්/ සම්/ මස්/ නහර/ ඇට/ ඇටමිදුළු/ වකුගඩු/ හෘදය/ අක්මාව/ පිත්තාශය/ බඩ දිව/ පෙනහළු/ බඩවැල්/ කුඩා බඩවැල්/ ආමාශය/ හිස්මොල/ අසූචි

මේ කොටස් 20 සහ ඊට අමතරව පොළවට පස් වී යන තමා තුළ වූ කොටස් තියෙනවා නම්, ඒ සියල්ල පඨවි ධාතුවයි.

2. ආපෝ ධාතුව :- දිය වී යන වැගිරී යන දේවල් ආපෝ ධාතුවයි. මේවා පවතින්නේ ද්‍රව අවස්ථාවෙයි. පරිසරයේ තිබෙන දිය වී යන, වැගිරී යන සියලුම දේ ආපෝ ධාතුවටයි අයිති වන්නේ.

ශරීරය තුළ තිබෙන ආපෝ ධාතුව:-

පිත/ සෙම/ සැරව/ ලේ/ දහදිය/ මේදය/ කඳුළු/ වුරුණු තෙල්/ කෙළ/ සොටු/ සඳමිදුළු/ මූත්‍ර

මේ කොටස් 12 ත්, මේ හැර දියර ස්වභාවයෙන් යුතු වැගිරෙන යමක් තමා තුළ තියෙනවා නම් ඒ ආපෝ ධාතුවයි.

3. තේජෝ ධාතුව :- උෂ්ණය හා සිසිල් බව තේජෝ ධාතුවයි. පරිසරය තුළ ඇති තවත් මෙවැනි දේ තේජෝ ධාතුවයි.

ශරීරය තුළ ඇති තේජෝ ධාතුව :-

යම් උණුසුමකින් තමා දවයිද, (කය දවන තේජෝ ධාතුව) යම් උණුසුමකින් දිරීමට පත් කරවයිද, (කය දිරවන තේජෝ ධාතුව) යම් උණුසුමකින් තමා අනුභව කළ, රස විඳි පානය කළ දේ මනාකොට දිරවා දමයිද, (කන බොන දෑ දිරවන තේජෝ ධාතුව) එය තමා තුළ ඇති තේජෝ ධාතුවයි. මෙවැනි වෙනත් යම්කිසි උණුසුම් සහගත යමක් තමා තුළ වේද, එයද තේජෝ ධාතුවටම අයිතියි.

4. වායෝ ධාතුව :- හමා යන්නා වූ හා හමා යන ස්වභාවයෙන් යුතු දේ වායෝ ධාතුවයි. මේවා වායු අවස්ථාවේ පවතී. පරිසරය තුළ ඇති මෙවැනි සියලුම දේ වායෝ ධාතුවට අයිතියි.

ශරීරය තුළ ඇති වායෝ ධාතුව :-

ආශ්වාස - ප්‍රශ්වාස වාතය/ සිරුරේ තැනින් තැන තිබෙන වාතය/ සිරුරේ අවයව පුරා දිවෙන වාතය/ කුසෙහි පිරී වාතය/උඩට එන වාතය (මුඛයෙන්)/ යටින් පිටවෙන වාතය (අධෝ මාර්ගයෙන්)

මෙවැනි වෙනත් වායු ස්වභාවයක් වෙත්නම් එයද වායෝ ධාතුවට අයිතියි.

මේ ආකාරයට පරිසරය තුළ තිබෙන සියලුම දේ, පඨවි, ආපෝ, තේජෝ, වායෝ යන කොටස් හතරෙන් සෑදී ඇති බව පැහැදිලි වෙනවා. එහෙම නම් ශරීරය නිර්මාණය වෙලා තියෙන්නෙත් සතර මහා ධාතූන්ගෙන් බව පැහැදිලියි.

බුදු දහම, විද්‍යාව හා අඥානයා...

බුදුරජාණන් වහන්සේගේ නුවණ කොයිතරම්ද

කියන එක දූන් හරිම පැහැදිලියි. ශරීරය තුළ ඇති කොටස් ගැන, ඒවායේ ක්‍රියාකාරීත්වය ගැන බුදුරජාණන් වහන්සේ අවබෝධ කරගත්තේ මීට අවුරුදු 2600 කට කලින්. ඒ කාලේ එක්ස් රේ යන්ත්‍ර, ස්කෑනර් තිබුණේ නෑ. මෘත ශරීර කපලා පරීක්ෂා කළේ නෑ. මයික්‍රස්කෝප් ඇතුලෙන් විශ්ලේෂණය කළේ නෑ. උන්වහන්සේ තමා තුළින් දියුණු කරගන්නා ලද නුවණකිනුයි සියල්ල දුටුවේ. විද්‍යාඥයින් දූනට හදාගෙන තියෙන යන්ත්‍ර සූත්‍ර සියල්ලම සතර මහා ධාතූන්ගේ ක්‍රියාකාරීත්වය නොයෙක් නොයෙක් ආකාරයට වෙනස් කරමින් තමයි නිර්මාණය කරලා තියෙන්නේ. ඒවා තුළින් සතර මහා ධාතූන්ගෙන් එහා යමක් පරීක්ෂා කරන්නට, සතර මහා ධාතූන්ගේ ක්‍රියාකාරීත්වයට පිටින් යමක් නිෂ්පාදනය කරන්නට බැහැ. බුදුරජාණන් වහන්සේ නිවැරදිව, ලස්සනට දුටුව සිත ගැන යමක් පරීක්ෂා කරන්නට විද්‍යාඥයින්ට පුළුවන් වුණාද? රූප ගැන හැරෙන්නට, විඳීමක් ඇතිවෙන විදිහ, හඳුනාගැනීම, සිතෙහි චේතනාත්මක ක්‍රියාවලිය ගැන, විඤ්ඤාණය ගැන යමක් සොයාගන්නට පුළුවන් වුණාද? සතර මහා ධාතූන්ගෙන් හැදුණු ග්‍රහලෝක කීපයකුයි, තිරිසන් ලෝකයේ සතර මහා ධාතූන්ගේ ක්‍රියාකාරීත්වය තුළ පමණක් සීමාවී ඇති සීමිත කරුණු ප්‍රමාණයකුයි සොයාගත්තේ. නමුත් මිනිස්, තිරිසන් ලෝකයේ ක්‍රියාකාරීත්වය ගැන සම්පූර්ණයෙන් සොයාගන්න ඔවුන්ට බැහැ. ප්‍රේත ලෝකය ගැන, නිරය ගැන, දෙව්ලොව, බඹලොව ගැන යන්තමින් හෝ සොයාගෙන නැහැ. මේ සියලු ලෝක පුද්ගලයාගේ සිතට අනුව නිර්මාණය වෙන බව සොයාගන්නට ඔවුන්ට තාමත් හැකියාවක් ලැබුණේ නෑ.

සුද්දන්ගේ විද්‍යාව අන්ධබාල පෘථග්ජන භාවයයි...

සුද්දන් විසින් අප වෙත බලෙන් පටවන ලද 'විද්‍යාව' යයි කියන මේ ලාමක විෂය නිසා, 'බලවත් අවිද්‍යාව' නම් අන්ධබාල පෘථග්ජන භාවයකුයි ඇතිවෙලා තියෙන්නේ. සිතක ක්‍රියාකාරීත්වය විද්‍යාත්මක ක්‍රමයකට අල්ලන්නට බැහැ. සිතක ක්‍රියාකාරීත්වය නිසා ඉපදීම සිදුවෙන ආකාරය පිළිබඳව සොයාගන්නට බුදුරජාණන් වහන්සේ නමකට හැර වෙන කිසිම කෙනෙකුට පුළුවන් වෙන්නේ නැහැ. ඉපදීම කියන්නේ දුකක් බවත්, දුක හටගන්නා ආකාරය ගැනත් සොයාගන්නට වෙන කෙනෙකුට පුළුවන් වෙන්නේ නැහැ. අප තුළ ඇති මෝඩකම නම්, බුදු දහම පිළිගන්නට විද්‍යාවෙන් ඔප්පු වෙනතුරු හිඳීමයි. ඒ අඥානකම නිසා බුදුදහමට ඉහළින් විද්‍යාව ගැන හිතනවා. බුදු දහම ගැන හරියට නොදැන, ඒ ගැන සැක තියාගන්නේ අනුවණකම නිසයි. බුදුරජාණන් වහන්සේ සම්මා සම්බුද්ධ බව, ශ්‍රී සද්ධර්මය අකාලික බව වටහාගත යුතු වෙනවා. එය වනාහී සැබෑම විද්‍යාව පාවිච්චි කිරීමයි.

රූප ස්කන්ධය සතර මහා ධාතූන් නිසා...

සතර මහා ධාතූන් යම් තැනකද, එතැන ඇත්තේ දුකයි. (රුප්පතීති රූපං) නැසෙන වැනසෙන නිසා තමයි රූප කියලා කියන්නේ. බුදුරජාණන් වහන්සේ විසින් පෙන්වා දෙනවා රූපස්කන්ධය පැණවීමට හේතුව **(චත්තාරෝ ඛෝ භික්ඛු මහාභූතා හේතු රූපක්ඛන්ධස්ස පඤ්ඤාපනාය)** "පින්වත් භික්ෂුව, රූපස්කන්ධය පැණවීමට සතර මහා භූතයින් හේතු වේ." ඒ කියන්නේ සතර මහා භූතයින් නිසයි රූපය හටඅරගෙන තිබෙන්නේ.

රූප කිව්වේ ඇස, කණ, නාසය, දිව, කය... ඒ වගේම රූපය, ශබ්දය, ගන්ධය, රසය, ස්පර්ශයටයි. මේ සියල්ලම සෑදී තිබෙන්නේ සතර මහා ධාතූන් නිසයි. එහෙනම් සතර මහා ධාතූන් තියෙනකම් දුක තියෙනවා. ඒ කියන්නේ සතර මහා භූතයින් නිසයි රූපය හටගෙන තිබෙන්නේ. රූප තියෙනවා නම් දුක තියෙනවා. සතර මහා ධාතූන් නැත්නම් රූපස්කන්ධය නැහැ.

වේදනා ස්කන්ධය ස්පර්ශය නිසයි...

(ඵස්සෝ හේතු වේදනක්ඛන්ධස්ස පඤ්ඤාපනාය) විඳීම හටගැනීමට හේතුව නම් ස්පර්ශයයි. ස්පර්ශයක් නැත්නම් විඳීමක් නැහැ. අපට සැප වේදනා, දුක් වේදනා, මධ්‍යස්ථ වේදනා ඇතිවෙන්නේ ස්පර්ශය නිසයි.

- ඇසේ ස්පර්ශය :- ඇසයි, රූපයයි, විඤ්ඤාණයයි එකතුවීම.
- කණේ ස්පර්ශය :- කණයි, ශබ්දයයි, විඤ්ඤාණයයි එකතුවීම.
- නාසයේ ස්පර්ශය :- නාසයයි, ගඳසුවඳයි, විඤ්ඤාණයයි එකතුවීම.
- දිවේ ස්පර්ශය :- දිවයි, රසයයි, විඤ්ඤාණයයි එකතුවීම.
- කයේ ස්පර්ශය :- කයයි, පහසයි, විඤ්ඤාණයයි එකතුවීම.
- සිතේ ස්පර්ශය :- සිතයි, සිතුවිලියි, විඤ්ඤාණයයි එකතුවීම.

විඳීමක් ඇතිවෙන්නේ මේ ස්පර්ශය නිසා බව බුදුරජාණන් වහන්සේ පෙන්වා දෙනවා.

- ඇසේ ස්පර්ශය නිසා රූපය විඳිනවා.
- කණේ ස්පර්ශය නිසා ශබ්දය විඳිනවා.
- නාසයේ ස්පර්ශය නිසා ගඳ සුවඳ විඳිනවා.
- දිවේ ස්පර්ශය නිසා රසය විඳිනවා.
- කයේ ස්පර්ශය නිසා පහස විඳිනවා.
- සිතේ ස්පර්ශය නිසා සිතුවිලි විඳිනවා.

මේ ස්පර්ශය නැත්නම් විඳීමක් නැහැ. වේදනා ස්කන්ධයක් පවතින්නේ ස්පර්ශය නිසයි.

ස්පර්ශය නැත්නම් සංඥාවත් නෑ...

(ඵස්සෝ හේතු සඤ්ඤක්ඛන්ධස්ස පඤ්ඤාපනාය) සංඥාස්කන්ධය ඇතිවීමට හේතුව ස්පර්ශයයි. සංඥාව කියන්නේ හඳුනාගන්නවාටයි. අප ඇසෙන් රූප හඳුනා ගන්නවා. කණින් ශබ්ද හඳුනාගන්නවා. නාසයෙන් ගඳ සුවඳ හඳුනාගන්නවා. දිවෙන් රසය හඳුනාගන්නවා. කයින් පහස හඳුනාගන්නවා. සිතෙන් සිතුවිලි හඳුනා ගන්නවා. ස්පර්ශය නැත්නම් මේ හඳුනාගැනීම් නැහැ.

චේතනාවට මුලත් ස්පර්ශයමයි...

සංඛාර කියන්නේ චේතනාත්මකව කර්ම සකස් වීමටයි. කර්ම සකස් වෙන්නේ චේතනාව තුළයි. චේතනාවක් නිතරම පවතින්නේ අරමුණක් මුල්කර ගෙනයි. අරමුණක් අනුව චේතනාව හටගන්නේ සිතෙයි.

සිත තියෙන්නේ සිතන තැනයි. සිත හටගන්නා තැන් හයක් තියෙනවා. ඇස, කණ, නාසය, දිව, කය, සිත කියන තැන් හයේම සිත හටගන්නවා. එහෙම නම් මේ ස්ථාන හයේදීම අරමුණක් මුල් කරගනිමින් චේතනාව පහළ වෙනවා.

- ඇසට පෙනෙන රූපයට අනුව චේතනාව ඇතිවෙනවා.
- කණට ඇසෙන ශබ්දයට අනුව චේතනාව ඇතිවෙනවා.
- නාසයට දැනෙන ගඳසුවඳට අනුව චේතනාව ඇතිවෙනවා.
- දිවට දැනෙන රසයට අනුව චේතනාව ඇතිවෙනවා.
- කයට දැනෙන පහසට අනුව චේතනාව ඇතිවෙනවා.
- සිතට සිතෙන අරමුණුවලට අනුව චේතනාව ඇතිවෙනවා.

සිදුවීමක් පමණයි...

මෙය කරන කෙනෙක් ඇත්තේ නැහැ. සිදුවීමක් පමණයි. කාලය හා අවකාශය තුළ චේතනා පහළ වීම සංඛාර ස්කන්ධයයි. සංඛාරය හේතුවක් නිසා ඇතිවෙන ඵලයකුයි.

ඇසින් රූපයක් දැකීමෙන් චේතනාව ඇතිවෙනවා. ඇසින් රූපය දැක්කේ නැත්නම් ඒ රූපය කෙරෙහි

චේතනාවක් ඇතිවෙන්නේ නැහැ. රූපයක් පේන්න නම් ඇසයි, රූපයි, සිතයි එකතුවෙන්න ඕන. එහෙම නම් චේතනාව ඇතිවෙන්නත් ස්පර්ශය හේතුවෙන බව පැහැදිලියි.

කණින් ශබ්දයක් ඇසෙන්නේ කණයි, ශබ්දයි, සිතයි එකතු වීමෙන්. ඒ නිසා චේතනාව පහළ වෙනවා. කණේ ස්පර්ශය නැත්නම්, ඒ ශබ්දය මුල්කරගෙන චේතනාවක් පහළ වෙන්නේ නැහැ.

නාසයයි, ගඳසුවඳයි, සිතයි එකතු වීම නිසයි ගඳ සුවඳ දැනෙන්නේ. ඒ නිසයි චේතනාවක් හටගන්නේ. නාසයේ ස්පර්ශය නොතිබුණා නම් ඒ ගඳ සුවඳ කෙරෙහි චේතනාවක් හටගන්නේ නැහැ.

දිවේ ස්පර්ශය නිසා රසය දැනුණොත් රසයට අනුව චේතනාව පහළ වෙනවා. දිවයි, රසයයි, සිතයි එකතු නොවුණා නම් රසය දැනෙන්නේ නැහැ. ඒ නිසා රසය ගැන චේතනාවක් පහළ වෙන්න විදිහකුත් නැහැ.

කයයි, පහසයි, සිතයි එකතු වුණොත් පමණයි පහසක් දැනෙන්නේ. එතකොටයි පහසට අනුව චේතනා ඇතිවෙන්නේ. කයේ ස්පර්ශය නැතිවුණොත් ඒ පහස කෙරෙහි චේතනා පහළ වෙන්නේ නැහැ.

මනසින් සිතුවිල්ලක් හඳුනාගන්නත් මනසයි, සිතුවිලියි, සිතුවිලියි පිළිබඳව දැනගැනීමයි (මනෝ විඤ්ඤාණය) යන කරුණු තුනම අවශ්‍ය වෙනවා. මේ කරුණු තුන එකතු වුණේ නැත්නම් ඒ සිතුවිල්ල දැනෙන්නේ නැහැ. සිතුවිල්ල දැනෙන්නේ නැත්නම් ඒ සිතුවිල්ල කෙරෙහි චේතනා පහළ වීමකුත් නැහැ.

එහෙනම් චේතනාව ඇතිවෙන්නේ සිතේ ස්පර්ශය හේතුවෙන් බව පැහැදිළියි.

මේ අනුව ඇසේ, කණේ, නාසයේ, දිවේ, කයේ, මනසේ ඇතිවෙන අරමුණුවලට අනුව චේතනාවක් පහළ වීම සඳහා මේ ආයතනවල වෙන වෙනම ස්පර්ශය ඇති විය යුතු බව පැහැදිලියි. එහෙනම් සංස්කාර ඇති වීමට ස්පර්ශය හේතුවෙනවා. මේ හේතුවීමෙන් කාලය හා අවකාශය තුළ චේතනා පහළ වෙනවා.

බුදුරජාණන් වහන්සේ පෙන්වා දෙනවා, **(ඵස්සෝ හේතු සංඛාරක්ඛන්ධස්ස පඤ්ඤාපනාය)** සංස්කාර ස්කන්ධය පැණවීමට ස්පර්ශය හේතු වෙනවා. ස්පර්ශයේ හේතුවෙන් සංස්කාර ස්කන්ධය පවතින බව දූන් බොහොම පැහැදිලියි.

සංස්කාර රැස්කරමින් දුක විසින් කා දමනවා...

සංඛාර ස්කන්ධය විසින් කර්මය සකස් කෙරෙනවා. විපාක දීම පිණිස භවය සකස් වෙනවා. සතෙකුව කාලා දානවා වගේ, ජීවිතය කාලය විසින් කා දමනවා. අපව කාලය විසින් කා දමලා තව ටිකයි ඉතුරුවෙලා තියෙන්නේ. ඊට පස්සේ ආයෙම හදනවා. ආයෙම කාලා දානවා. චේතනාවෙන් විඳවන්න දේවල් හදලා දෙනවා. ස්පර්ශයේ හේතුවෙන් මේ දේ වෙනවා. බුදුරජාණන් වහන්සේගේ සත්‍යය ගැන නොතේරෙන අය ජීවත් වීමේ ආශාවෙන් සංඛාර රැස්කරනවා. යළි යළිත් උපදිනවා. දුක හැදෙන හැටි නොදූන, දුකම විඳිමින්, දුකෙහිම ඇලෙමින්, නැවත නැවතත් දුකම සකස් කරමින් දුක විසින් කා දමනවා. මේ නොතේරුම්කම හරිම ශෝචනීයයි.

ලොව ලොකුම මායාව...

විඤ්ඤාණය කියන්නේ යමක් පිළිබඳව දැනගන්නා මානසික ස්වභාවයටයි.

- ඇසයි, රූපයයි නිසා ඇසේ විඤ්ඤාණය ඇතිවෙනවා. **(චක්ඛු විඤ්ඤාණය)**
- කණයි, ශබ්දයයි නිසා කණේ විඤ්ඤාණය ඇතිවෙනවා. **(සෝත විඤ්ඤාණය)**
- නාසයයි, ගඳසුවඳයි නිසා නාසයේ විඤ්ඤාණය ඇතිවෙනවා. **(ඝාණ විඤ්ඤාණය)**
- දිවයි, රසයයි නිසා දිවේ විඤ්ඤාණය ඇතිවෙනවා. **(ජිව්හා විඤ්ඤාණය)**
- කයයි, පහසයි නිසා කයේ විඤ්ඤාණය ඇතිවෙනවා. **(කාය විඤ්ඤාණය)**
- මනසයි, සිතුවිලියි නිසා සිතේ විඤ්ඤාණය ඇතිවෙනවා. **(මනෝ විඤ්ඤාණය)**

මේ විඤ්ඤාණය කියලා කියන්නේ විජ්ජාවක්, බුදුරජාණන් වහන්සේ විසින් විඤ්ඤාණය උපමා කරලා තියෙන්නේ මායාවකටයි. මායාව කියන්නේ රැවටීමක්. ඒ වගේ විඤ්ඤාණය ගැනත් සැබෑ ලෙස විමසමින් ගියොත් එහෙම දෙයක් නැති බවත්, සිදුව ඇත්තේ රැවටීමක් බවත් තේරුම් යනවා. විඤ්ඤාණය කරුණු කීපයක් නිසා එකතු වී ඇති දෙයක් පමණයි. කරුණු කීපයක එකතුවක් නිසා කාලයත්, අවකාශයත් අතර පවතින විඤ්ඤාණය 'විඤ්ඤාණ ස්කන්ධයයි'.

විඤ්ඤාණය ඇතිවීමට හේතු වූ කරුණු කිහිපය ගැන බුදුරජාණන් වහන්සේ විසින් පහදා දෙනවා. **(නාමරූපං හේතු විඤ්ඤාණඛන්ධස්ස පඤ්ඤාපනාය)** විඤ්ඤාණ ස්කන්ධය පැනවීමට නාමරූප හේතු වෙයි.

නාමරූප

නාම කියන්නේ මේ භව පැවැත්ම සඳහා නැමී තියෙන දේයි. රූප කියන්නේ සතර මහා භූතවලින් හටගත් දේයි.

සංසාර පැවැත්ම සඳහා නැමී තිබෙන දේවල් නම්, ස්පර්ශය **(ඵස්ස)**, විඳීම **(වේදනා)**, හඳුනාගැනීම **(සංඥා)**, චේතනාත්මකව කර්ම රැස්වීම **(සංඛාර)**, විඤ්ඤාණය ක්‍රියාත්මකව පවත්වාගෙන සිටීමේ හැකියාව **(මනසිකාර)** යන කරුණු පහයි. රූප කියන්නේ පඨවි, ආපෝ, තේජෝ, වායෝ කියන සතර මහා භූතයන්ගෙන් හටගත්තු දේටයි.

එහෙනම් අප කලින් කතා කළ රූප, වේදනා, සංඥා, සංඛාර යන කරුණු හතරත්, මනසිකාර කියන කරුණත් නාමරූපවලට අයිතියි. විඤ්ඤාණය හට අරගෙන තියෙන්නේ මේ කරුණු නිසා බව බුදුරජාණන් වහන්සේ විසින් පෙන්වා දෙනවා.

බුදුරජාණන් වහන්සේට ඉහළින් පිළිගන්න කිසිදෙයක් නෑ...

විඤ්ඤාණය හටගන්නේ නාමරූප ප්‍රත්‍යයෙන් කියන එක බුදුරජාණන් වහන්සේගේ නුවණින් ප්‍රකාශ කරලා තියෙන දෙයක් නිසා කිසිම විදිහකින් අප එය වෙනස් නොකළ යුතුයි. කවුරුහරි කියනවා නම් 'හිත

හටගන්නේ වෙන මොනව හරි හේතුවකින්' කියලා, ඒක පිළිගන්න එපා.

සිත මිස කය නැති බඹ ලොවෙත් නාමරූප...

සිත මිස කය නැති බඹ ලොව හතරක් ගැන ඔබ සමහරවිට අහලා ඇති. මේ කාරණය ඔබ හොඳින් මතක තියාගන්න ඕන. සිතක් පවතින්නේ නාමරූප ප්‍රත්‍යයෙන්. එහෙම නම් රූපයත් තියෙනවා එතැන. මෙතන ඇති වෙනස නම්, රූපය එයාට අරමුණු නොවී තිබීම පමණයි. විඤ්ඤාණය යම් තැනක පිහිටයිද, නාම-රූප එතැන පිහිටනවා. අරූප ලෝකය කිව්වත් එතැන තියෙන්නේ රූප, වේදනා, සංඥා, සංඛාර, විඤ්ඤාණ තමයි.

විඤ්ඤාණය යම් තැනක පිහිටා තිබෙනවා නම්, ඒක නාමරූප ප්‍රත්‍යයෙන් ඇතිවෙන්නක්. සිතක් තියෙනවා නම් එතැන රූප, විඳීම, හඳුනාගැනීම, චේතනා ඇතිවීම, ඒ අනුව සිත පැවැත්වීම තියෙනවාමයි.

චුති සිත, පටිසන්ධි සිත කොහෙන් ආව වචනද...?

සමහර අය තවමත් අහනවා, චුති සිත, ප්‍රතිසන්ධි සිත ගැන බුදුරජාණන් වහන්සේ උගන්වලා නැහැ. දැන් මේ සූත්‍ර සැහෙන ප්‍රමාණයක් විස්තර කරලා දීලා තියෙනවා. ඒ එක සූත්‍රයක්වත් මේ වචනයක්වත් නැහැ. අප කියා දෙන්නේ බුදුරජාණන් වහන්සේ දේශනා කොට වදාළ ශ්‍රී සද්ධර්මයම පමණයි.

දැන් ඔබට පංච උපාදානස්කන්ධයන් හා ඒවා හටගන්න හේතු වූ කරුණු පැහැදිලි වෙන්නට ඇති. හැම ලෝකයකම රූප, වේදනා, සංඥා, සංඛාර, විඤ්ඤාණ

යන පංච උපාදානස්කන්ධයම තියෙනවා. පංච උපාදානස්කන්ධය තියෙනවා කියන්නේ දුක තියෙනවා. මේවා නැත්තේ නිවනෙහි පමණයි.

සක්කාය දිට්ඨිය ඇතිවෙන හැටි...

බුදුරජාණන් වහන්සේ මේ ආකාරයට පංච උපාදානස්කන්ධය පැණවීමට හේතු ප්‍රත්‍ය වූ කාරණා පැහැදිලි කර දෙන විට, අර ස්වාමීන් වහන්සේට තවත් ගැටළුවක් මතුවුණා.

"භාග්‍යවත් බුදුරජාණන් වහන්ස, සක්කාය දිට්ඨිය ඇතිවෙන්නේ කෙසේද?"

"පින්වත් භික්ෂුව, ආර්ය ධර්මය අසා නැති, ආර්ය ධර්මය නොදකින, ආර්ය ධර්මයෙහි අදක්ෂ, ආර්ය ධර්මයෙහි නොහික්මෙන, සත්පුරුෂයන් නොදකින, සත්පුරුෂ ධර්මයට අදක්ෂ, සත්පුරුෂ ධර්මයෙහි නොහික්මෙන අශ්‍රැතවත් පෘථග්ජනයා පංච උපාදාන ස්කන්ධය තමන් ලෙසත්, තමා සෑදී ඇත්තේ පංච උපාදාන ස්කන්ධයෙන් බවත්, පංච උපාදානස්කන්ධය ඇත්තේ තමා තුළ ලෙසත්, තමන් ඇත්තේ පංච උපාදානස්කන්ධය තුළ ලෙසත් සිතාගෙන සක්කාය දිට්ඨිය ගොඩනගා ගන්නවා.

සක්කාය දිට්ඨිය

සක්කාය කියන්නේ 'මමය, මාගේය, මට අයිතිය' යන ආකල්පයටයි. දිට්ඨිය කියන්නේ දැඩිව ගත් මතයටයි. මමය, මාගේය මට අයිතිය යන ආකල්පය දෘෂ්ටියක් ලෙස දැඩිව ගැනීම සක්කාය දිට්ඨියයි. සක්කාය දිට්ඨිය

තිබෙන්නේ අශ්‍රැතවත් පෘථග්ජනයා තුළයි.

අශ්‍රැතවත් පෘථග්ජනයා

අශ්‍රැතවත් කියන්නේ ධර්මය අසා නැති කෙනාටයි. අශ්‍රැතවත් පෘථග්ජනයාගේ ලක්ෂණ මෙහෙමයි.

1. **අරියානං අදස්සාවි** - මේ පුද්ගලයාට ආර්ය දර්ශණය නැහැ. ඒ කියන්නේ බුදු, පසේ බුදු, මහරහතන් වහන්සේලා ලෝකය දිහා බලන පිළිවෙල, ලෝක සත්‍යය ගැන එයා දන්නේ නැහැ.

2. **අරියධම්මස්ස ආකෝවිදෝ** - ඔහු ආර්ය ධර්මයේ අදක්ෂයි. නිවන කරා යන ධර්මයට සවන් දුන්නත් එයාට ඒක තේරුම් ගන්නට බැහැ.

3. **අරියධම්මෙ අවිනීතෝ** - ආර්ය ධර්මය තුළ එයා හික්මෙන්නේ නැහැ.

4. **සප්පුරිසානං අදස්සාවි** - සත්පුරුෂ දර්ශනය එයාට ඇත්තේ නැහැ.

5. **සප්පුරිසධම්මස්ස අකෝවිදෝ** - සත්පුරුෂ ධර්මයට අදක්ෂයි. ඒක තේරෙන්නෙ නැහැ.

6. **සප්පුරිසධම්මේ අවිනීතෝ** - සත්පුරුෂ ධර්මය තුළ එයා හික්මෙන්නේ නැහැ.

මෙන්න මේ ආකාරයේ ලක්ෂණ තියෙන අශ්‍රැතවත් පෘථග්ජනයා, මමය මාගේය මට අයිතිය කියන වැරදි දෘෂ්ටියෙන් පංච උපාදානස්කන්ධයට විසි ආකාරයකින් මුලාවෙන බව බුදුරජාණන් වහන්සේ පැහැදිළිව පෙන්වා දී තිබෙනවා.

දුකටයි මේ මුලාවෙන්නේ...

පංච උපාදානස්කන්ධයට, ඒ කියන්නේ දුකට අප මුලාවෙන්නේ මෙහෙමයි. රූපය හතර ආකාරයකින්, විඳීම හතර ආකාරයකින්, හඳුනාගැනීම හතර ආකාරයකින්, චේතනාව හතර ආකාරයකින්, විඤ්ඤාණය හතර ආකාරයකින් වශයෙන් බොරුව තුළ රැවටෙනවා.

රූපයට මුලා වෙන හැටි.

- රූපය තමා හැටියට පේනවා. ඒ කියන්නේ සතර මහා ධාතුන්ගෙන් හැදී තිබෙන දෙයක් තමා යයි සලකනවා. ඒ කියන්නේ ඇස, කණ, නාසය, දිව, කය... රූප, ශබ්ද, ගන්ධ, රස, ස්පර්ශ තමා හැටියට පේනවා.
- තමා සෑදී ඇත්තේ රූපවලින් යයි හිතනවා. ඒ කියන්නේ ඇස, කණ, නාසය, දිව, කය... රූප, ශබ්ද, ගන්ධ, රස, ස්පර්ශයෙන් තමා කියලා කෙනෙක් හැදිලා තිබෙන බව පිළිඅරගෙන මුලා වෙනවා.
- මේ නැසී වැනසී යන රූප තිබෙන්නේ තමා තුළ යැයි වැරදි නිගමනයකට එනවා.
- රූපය තුළ තමා ඇතැයි මුලාවට පත්වෙනවා.

විඳීමට මුලාවෙන හැටි.

- විඳීම තමා ලෙස පේනවා. රූප, ශබ්ද, ගඳසුවඳ, රස, පහස, සිතුවිලි යන දේවල් සැප, දුක්, උපේක්ෂා වශයෙන් තුන් ආකාරයකට විඳින්නේ

තමන් යයි කියලා මුලාවෙනවා.

- විඳින දෙයින් තමා කියලා කෙනෙක් හැදිලා තියෙනවාය කියා රැවටෙනවා.
- විඳීම තියෙන්නේ තමා තුළ යයි මුලා වෙනවා.
- විඳීම තුළ තමා ඇතැයි මුලා වෙනවා.

හඳුනාගැනීමට මුලාවෙන හැටි.

- රූප, ශබ්ද, ගන්ධ, රස, ස්පර්ශ, සිතුවිලි හඳුනාගැනීම තමා ලෙස පේනවා.
- හඳුනාගන්නා දේවල්වලින් තමා කියලා කෙනෙක් සෑදී ඇතැයි සිතනවා.
- හඳුනාගන්නා දේවල් තමා තුළ තිබේ යයි සිතනවා.
- හඳුනාගන්නා දේ තුළ තමා ඇතැයි සිතනවා.

සංඛාරයට මුලාවෙන හැටි.

- රූප, ශබ්ද, ගන්ධ, රස, ස්පර්ශ, සිතුවිලි කෙරෙහි ඇති වෙන චේතනාව තමාගේ කියා රැවටෙනවා.
- තමා සෑදී ඇත්තේ චේතනාවෙන්ය කියා මුලා වෙනවා.
- චේතනාව ඇත්තේ තමා තුළ යයි සිතනවා.
- තමා කියල කෙනෙක් චේතනාව තුළ ඇතැයි සිතනවා.

විඤ්ඤාණයට මුලාවෙන හැටි.

- නාමරූප ප්‍රත්‍යයෙන් හටගන්නා විඤ්ඤාණය තමා යයි සිතනවා.
- තමා සෑදී ඇත්තේ එලෙස හටගන්නා සිත් වලින් යයි රැවටෙනවා.
- සිතින් දැනගන්නා ස්වභාවය තමා තුළ ඇතැයි මුලා වෙනවා.
- සිතෙන් දැනගැනීම තුළ තමා ඇතැයි සිතනවා.

"අපි තාම පෘථග්ජනයි නේ..."

මේ ආකාරයට අශ්‍රැතවත් පෘථග්ජනයා 'මමය, මාගේය, මට අයිතිය' කියන නොතේරුම්කම නිසා සිතේ මවාගත් දෘෂ්ටියකට හිරවී, මංමුලා වෙනවා. මේ සක්කාය දිට්ඨිය තියෙන තුරාවට දියුණුවක් කරා යන්න බැහැ. සෝතාපන්න වුණු කෙනාගේ ළඟ සක්කාය දිට්ඨිය නැහැ. ඒක තියෙන්නේ පෘථග්ජන කෙනාටයි. පෘථග්ජනභාවය බොහොම භයානකයි. විහිළුවටවත් 'අපි තාම පෘථග්ජනයිනේ' කියලා කියන්න එපා. පෘථග්ජනයි කියලා කියන්නේ, 'ඕනම වෙලාවක එයා අතින් තමන්ගේ මව, පියා, රහතන් වහන්සේලව මැරෙන්න පුළුවන්. බුදුරජාණන් වහන්සේ නමකගේ ලේ සෙලවෙන්නට පුළුවන්. එයා අතින් සංඝභේදය වෙන්නට පුළුවන්. නිත්‍යයි, සුඛයි, ආත්මයි කියන දෘෂ්ටියට ඇවිත් ඕනම වෙලාවක තමාගේ ආගම වෙනස් කරන්නට පුළුවන්' තමා කියන වැරදි දෘෂ්ටිය නිසයි මෙහෙම සිද්ධ වෙන්නේ.

පෘථග්ජනභාවය තියෙන්නේ සක්කාය දිට්ඨිය මතයි...

මේ සත්‍ය සිද්ධියක්. එක නෝනා කෙනෙකුගේ මහත්තයාට හොඳටම අසනීප වුණා. මහත්තයාව රෝහලට ඇතුළත් කරලා ගෙදර ආපු නෝනා, මහත්මයා වෙනුවෙන් නිරෝගීසුව යදින්නට ගත්තා. සියලුම දෙවිවරුන්ගේ පින්තූරත්, බුදුරජාණන් වහන්සේගේ පින්තූරයත්, සායි බාබාගේ පින්තූරයත් තියාගෙන පහන් පත්තු කරමින් 'මහත්තයාව සනීප කරලා දෙන්න' කියලා දින ගණනාවක් යාඥා කරන අතරෙදී මහත්මයා මිය ගියා. ඒ බව දැනගත්තු ගමන් නෝනා පොල්ලක් අරගෙන ඇවිත් පූජා පැවැත් වූ ඔක්කෝම පින්තූර ටික කුඩුකරලා දැම්මා. බුද්ධ පින්තූරෙත් පොලු පහරින් කඩලා දැම්මා. ඔන්න ඔහොමයි පෘථග්ජනභාවයේ හැටි. තමන්ට ඕන විදිහට පවත්වන්න පුළුවන් කියලා හිතාගෙන ඉන්න නිසා තමයි, තමන්ට ඕන විදිහට පවත්වන්න බැරිවුණාම කේන්ති ගත්තේ. මේ පෘථග්ජනභාවය තියෙන්නේ සක්කාය දිට්ඨිය මතයි. තමන්ට ඕන විදිහට පවත්වන්න තියෙන ආසාවත් එක්ක තියෙන මුලාවීමක් 'සක්කාය දිට්ඨිය' කියලා කියන්නේ. පංච උපාදානස්කන්ධය හරියට අවබෝධ කළ දවසට තේරුම්ගන්නට පුළුවන් වෙනවා, සක්කාය දිට්ඨිය කියන්නේ වැරදි අවබෝධයක් බව. එදාට එයා සක්කාය දිට්ඨිය අත්හරිනවා.

විමසීමෙන් මිසක පහන් පත්තු කිරීමෙන් නොවෙයි...

මා ධර්මය සොයාගෙන යන කාලෙදී මට එක තැනකින් කිව්වා, 'ඔයාට පින් මදි' කියලා. 'ප්‍රඥාව ලැබෙන්න නම් පහන් පත්තු කරන්න ඕන' කියලා අහලා

තිබුණු නිසා, එදා ඉඳලා බෝධි ගානේ ගිහින් පහන් පූජා කළා. කන්දක ගිහින් පොල්තෙල් පහන් පත්තු කරමින් ශ්‍රද්ධාව පැතුවා. ඔය අතරේ සූත්‍රයක් කියවනකොට දැක්කා ශ්‍රද්ධාව ලැබෙන්නේ නුවණින් විමසීමෙන් බව. බුදුරජාණන් වහන්සේ ආලවක සූත්‍රයේදී පෙන්වා දීලා තියෙනවා. ශ්‍රද්ධාව ලබන හේතුව නුවණින් විමසීම බව. මා එදාම පහන් පත්තු කිරීම නැවැත්තුවා. ඒක නවත්තලා, සූත්‍ර දේශනාවන්ට අනුව නුවණින් විමසන්න ගත්තා. අන්න ඒ වගේ ධර්මය පැහැදිලිව තේරෙනකොට ඒක පමානොවී පිළිගන්නට ඕන. සමහරු වැරදි තැනක ඉන්න කොට අපි කියනවා, 'ඔතන ඉන්න එපා, එන්න හරිතැනට' කියලා. එයා ටික දුරක් අපිත් සමඟ ඇවිත් ආයෙම වැරදි තැනකට යනවා. ඒ වගේ වුණොත් නුවණ දියුණු කරන්නට බැරි වෙනවා.

සක්කාය දිට්ඨිය නැතිවෙන හැටි...

ඊළඟට ඒ ස්වාමීන් වහන්සේ බුදුරජාණන් වහන්සේගෙන් තවත් ප්‍රශ්නයක් ඇසුවා.

"ස්වාමීනි, සක්කාය දිට්ඨිය දුරු වෙන්නේ කෙසේද?"

"පින්වත් භික්ෂුව, ධර්මය අසා තිබෙන, ආර්ය ධර්මය දකින, ආර්ය ධර්මයෙහි දක්ෂ, ආර්ය ධර්මය තුළ හික්මෙන, සත්පුරුෂ ධර්මය දකින, සත්පුරුෂ ධර්මයට දක්ෂ, සත්පුරුෂ ධර්මය තුළ හික්මෙන ශ්‍රැතවත් ආර්ය ශ්‍රාවකයා විසින් පංච උපාදානස්කන්ධය තමා ලෙසත්, තමා සෑදී ඇත්තේ පංච උපාදානස්කන්ධයෙන් බවත්, තමා තුළ පංච උපාදානස්කන්ධය ඇති බවත්, පංච

උපාදානස්කන්ධය තුළ තමා ඇති බවත් පිළිනොගෙන පංච උපාදානස්කන්ධයේ යථාර්ථය අවබෝධ කර ගනිමින් සක්කාය දිට්ඨියෙන් නිදහස් වෙනවා.

ශ්‍රැතවත් ආර්ය ශ්‍රාවකයා...

ශ්‍රැතවත් කියන්නේ ධර්මය අසා තිබෙන කෙනාටයි. ශ්‍රැතවත් ආර්ය ශ්‍රාවකයාගේ ලක්ෂණ මෙහෙමයි.

1. **අරියානං දස්සාවි** - ආර්ය ධර්මය දකින තැනැත්තා බුදුරජාණන් වහන්සේලා විසින් පහදා දෙන ලෝක සත්‍යය ගැන එයා දන්නවා.

2. **අරියධම්මස්ස කෝවිදෝ** - ආර්ය ධර්මයෙහි දක්ෂයි. එයාට ධර්මය ඇසූ විට හොඳින් තේරුම් ගන්නට පුළුවන්.

3. **අරියධම්මේ සුවිනීතෝ** - දක්ෂ ලෙස තේරුම් ගත් ඒ ධර්මය තුළ එයා මැනැවින් හික්මෙනවා.

4. **සප්පුරිසානං දස්සාවි** - සත්පුරුෂයන් දකිනවා.

5. **සප්පුරිස ධම්මස්ස කෝවිදෝ** - සත්පුරුෂ ධර්මයෙහි දක්ෂයි. එය හොඳින් තේරුම් ගන්න පුළුවන්.

6. **සප්පුරිස ධම්මේ සුවිනීතෝ** - දක්ෂ ලෙස තේරුම් ගත් සත්පුරුෂ ධර්මයෙහි මනාව හික්මෙනවා.

මෙතැන සත්පුරුෂයින් වශයෙන් හැඳින්වෙන්නේ මාර්ගඵලලාභී පිරිසයි.

මේ ලක්ෂණ ඇති ශ්‍රැතවත් ආර්ය ශ්‍රාවකයා 'මමය, මාගේය, මට අයිතිය' කියන වැරදි දෘෂ්ටියට කිසිම

ආකාරයකින් මුලා නොවෙන බව බුදුරජාණන් වහන්සේ පෙන්වනවා.

රූපයට මුලා වෙන්නේ නැහැ.

1. ශ්‍රැතවත් ආර්ය ශ්‍රාවකයා රූපය සෑදී ඇත්තේ සතරමහා ධාතූන්ගෙන් බව දන්නා නිසා, රූපය කියන්නේ ඇතිවී, වෙනස්වී, නැතිවී යන සතරමහා ධාතූන් මිස තමා නොවන බව තේරුම් ගන්නවා.

2. සතරමහා ධාතූන් වෙනස් වී වැනසී යන දේවල් නිසා සතරමහා ධාතූන්ගෙන් තමා හැදිලා තියෙනවා කියලා හිතන්නේ නැහැ.

3. ඇති වී, නැති වී යන සතරමහා ධාතූන්ගෙන් හටගත් දේ තමා තුළ ඇති කියලා හිතාගෙන සිටීම තේරුමක් නැති දෙයක් බව එයා ප්‍රත්‍යක්ෂ කරගන්නවා.

4. අනිත්‍ය වූ විනාශ වී යන සතරමහා ධාතූන්ගෙන් හට ගත් රූපයක් තුළ තමා ඉන්නවා කියලා සිතාගෙන සිටීම විශාල අවදානමක් බව තේරුම් ගනිමින් ඒ දෘෂ්ටිය අයින් කරගන්නවා.

විඳීමට මුලාවෙන්නේ නැහැ.

1. විඳීම ඇතිවෙන්නේ කරුණු තුනක් එකතු වීම නිසා බවත්, ඒ නිසාම එහි 'මම' කියා කෙනෙකු සම්බන්ධ නැති බවත් තේරුම්ගන්නා ආර්ය ශ්‍රාවකයා විඳීම 'මම' කියා ගන්නේ නැහැ.

2. වෙනස් වෙන, අස්ථිර වූ විඳීමකින් තමන් කියා කෙනෙක් සෑදී ඇතැයි කියන මතය වැරදි බව තේරුම් ගන්නවා.

3. ස්පර්ශය නිසා ඇතිවෙන අනිත්‍ය වූ විඳීමක් මිස, තමා තුළ තමාගේ වසඟයේ පැවැත්විය හැකි විඳීමක් නැති බව තේරුම් ගන්නවා.

4. ස්පර්ශය නිසා ඇති වූ අනිත්‍ය වූ විඳීමක් තුළ තමා කියලා කෙනෙක් සිටිය නොහැකි බව වටහා ගන්නවා.

හඳුනාගැනීමට රැවටෙන්නෙත් නැහැ.

1. ස්පර්ශය නිසා හටගත් සියලු හඳුනාගැනීම් අනිත්‍ය බව දැනගෙන හඳුනාගැනීම 'මම' කියා සළකන්නේ නැහැ.

2. වෙනස් වී වැනසී යන හඳුනාගන්නා දේවල්වලින් තමන් කියා කෙනෙක් සෑදී ඇතැයි කියලා සිතීම වරදක් බව තේරුම් ගන්නවා.

3. විඳීමක් තමා තුළ ඇත්නම් එය තමාට අවශ්‍ය ආකාරයට පැවැත්විය හැකි විය යුතු බවත්, එය එසේ නොවන නිසා එවැනි විඳීමක් තමා තුළ තිබිය නොහැකි බවත් වටහා ගන්නවා.

4. වෙනස් වී වැනසී යන විඳීමක් තුළ, තමා යයි කෙනෙක් ඉන්නවා කියා සිතීම අසත්‍යයක් බව තේරුම් ගන්නවා.

සංඛාරයට මුලා වෙන්නෙ නැහැ.

1. කාරණා තුනක් එකතු වීම නිසා ඇතිවෙන චේතනාව කිසිසේත් 'මම' කියා පිළිගන්නේ නැහැ.

2. ස්පර්ශය නිසා ඇති වූ අනිත්‍ය වූ චේතනාවකින් තමා හැදී ඇතැයි සිතීම අසත්‍යයක් බව තේරුම් ගන්නවා.

3. තමා කියා කෙනෙක් තුළ චේතනාව තිබෙනවා යන මතය අසත්‍යයක් බව තේරුම් ගන්නවා

4. ස්පර්ශය නිසා ඇති වූ අස්ථිර චේතනාවක් තුළ තමා ඇතැයි සිතා කිසිසේත්ම රැවටෙන්න කැමැති වන්නේ නැහැ.

විඤ්ඤාණයට මුලා වෙන්නෙත් නැහැ.

1. නාමරූප නිසා හට අරගෙන තිබෙන විඤ්ඤාණයත් 'මම' කියලා පටලවා ගන්නේ නැහැ.

2. නාමරූප වැනි අනිත්‍ය වූ දෙයකින් තමා කියලා කෙනෙක් හැදිලා ඉන්න බව හිතන්නටවත් අකමැති වෙනවා.

3. තමාගේ වසඟයේ තියාගන්නට බැරි මේ විඤ්ඤාණය තිබෙන්නේ තමා තුළ බව කොහොමවත් සිතන්නේ නැහැ.

4. මායාකාරී වූ විඤ්ඤාණයක් තුළ තමා යයි කෙනෙක් ඇතැයි කොහොමවත් හිතන්නේ නැහැ.

සිතාගෙන සිටිය දේ බොරුවක්...

මෙන්න මේ ආකාරයට තමාය කියා හෝ තමාගේ කියා හෝ තමන්ට වුවමනා විදිහට පවත්වන්නට පුළුවන් කිසිම දෙයක් නැති බව ශ්‍රැතවත් ආර්ය ශ්‍රාවකයා විසින් තේරුම් ගන්නවා. තමා කියා කෙනෙකු ඇත්නම් තමන්ට වුවමනා ආකාරයට පැවත්විය හැකිවිය යුතු නිසා එවැනි දෙයක් තිබේදැයි නුවණින් කල්පනා කර බලමින්, එවැනි කිසිවක් නැති බව තේරුම් ගන්නවා. මෙච්චර දවසක් 'මම'

කියලා, 'මගේ' කියලා කියා සිතාගෙන සිටිය කිසිම දෙයක් 'මම නොවේ... මගේ නොවේ... මගේ ආත්මය නොවේ...' කියලා එයා තේරුම් ගන්නවා. මෙච්චර දවසක් 'මමය, මාගේය, මගේ වසඟයේ පැවැත්විය හැකියි' කියලා හිතා හිටියේ ඇත්තටම ඒ විදිහට පැවැත්විය නොහැකි දේකට බවත්, මෙතෙක් දවස් අනවබෝධය නිසා රැවටී සිටියේ තනිකරම බොරුවකට බවත් තේරුම්ගෙන මෙතෙක් කල් මුලා වී සිටි ඒ වැරදි දෘෂ්ටිය වූ සක්කාය දිට්ඨිය අත්හැර දමමින් පෘථග්ජන භාවයෙන් මිදෙනවා. ආර්ය ධර්මය දකින, ආර්ය ධර්මය තේරෙන, ආර්ය ධර්මය තුළ හික්මෙන පුද්ගලයාට මෙම සත්‍යය තේරුම් ගැනීමට හැකිවෙනවා.

සක්කාය දිට්ඨිය යනු මවාගත් දෙයක්...

මේ පින්වතුන්ටත් ආර්ය ධර්මය නිවැරදි ලෙස ශ්‍රවණය කිරීමට දැන් අවස්ථාව ලැබිලා තියෙන නිසා බොහෝ දෙනෙකුට ඒ ධර්මය තේරෙනවා. ඒ තේරුම් ගන්නට හැකි ධර්මය, තව ටිකක් ගැඹුරට නුවණ මෙහෙයවා කල්පනාවට ගත්තු ගමන් සක්කාය දිට්ඨිය බොරුවක් බව තේරුම් ගනිමින් ප්‍රායෝගික ලෙසම සක්කාය දිට්ඨිය ඉවත්කිරීමට පුළුවන් වෙනවා. දැනට මෙතැන සිටින බොහෝ දෙනෙකු සිද්ධාන්තයක් ලෙස සක්කාය දිට්ඨිය මුලාවක් වශයෙන් අවබෝධ කරගෙන සිටියත්, ඒ තුළ ප්‍රායෝගිකව ඉන්නා බවක් නම් පේන්නේ අඩුවෙන්. සක්කාය දිට්ඨිය මුලාවක් බව ප්‍රායෝගිකවම තේරුම් ගැනීමකට පැමිණිය යුතු වෙනවා. ඒ සඳහා මේ භාවනා වැඩසටහන් තුළින් ලබාගන්නා දැනුම වුවමනා තරමටත් වැඩියෙන් ලැබිලා තියෙන්නේ. ඒ දැනුම තුළ

අවංක වීමයි අවශ්‍ය වෙන්නෙ. ඒ සඳහා සක්කාය දිට්ඨියම පොඩ්ඩක් අඩු කරගෙන, ලැබී ඇති දැනුම මදක් විමසීම ප්‍රමාණවත්. එවිට සක්කාය දිට්ඨිය නැති වෙනවා. අවංකවම මේ දේ කළොත් සක්කාය දිට්ඨිය දුරු වී සම්මා දිට්ඨිය ඇතිවෙනවා.

පංච උපාදානස්කන්ධයන්ගේ ආශ්වාදය, ආදීනව හා නිස්සරණය...

ඊළඟට ඒ ස්වාමීන් වහන්සේ තවත් ප්‍රශ්නයක් බුදුරජාණන් වහන්සේගෙන් අසා සිටිනවා.

"භාග්‍යවත් බුදුරජාණන් වහන්ස, මේ රූපයෙහි ආශ්වාදය කුමක්ද? රූපයේ ආදීනවය කුමක්ද? රූපයේ නිස්සරණය කුමක්ද? විඳීමේ, හඳුනාගැනීමේ, චේතනාවේ, සිත හටගැනීමේ ඇති ආශ්වාදය, ආදීනවය, නිස්සරණය මොනවාද?"

"පින්වත් භික්ෂුව, රූපය නිසා යම් සුවයක්, සොම්නසක් උපදිනවාද, ඒක රූපයෙහි ඇති ආශ්වාදයයි. රූපය වෙනස් වීමක්, දුකක්, තමන්ට අවශ්‍ය ආකාරයට පවත්වාගැනීමට නොහැකියාවක් ගෙන එනවාද, ඒක රූපයේ ආදීනවයයි. රූපයෙහි යාථාර්ථය තේරුම් ගෙන ඒ කෙරෙහි කැමැත්තෙන් ඇලීම දුරුකරනවාද, ඒක රූපයෙහි නිස්සරණයයි. විඳීම, හඳුනාගැනීම චේතනාව, හටගන්නා සිත නිසා ලැබෙන සොම්නස ආශ්වාදයයි. එය නැතිවී වෙනස් වී යාම, තමාට අවශ්‍ය ආකාරයට පවත්වාගැනීමට නොහැකියාව නිසා ලැබෙන දුක පංච උපාදානස්කන්ධයන්ගේ ආදීනවයයි. අවබෝධයෙන් යුතුව එය තේරුම්ගෙන පංච උපාදානස්කන්ධය කෙරෙහි

ඇති ඇල්ම අත්හැරීම පංච උපාදානස්කන්ධයන්ගේ නිස්සරණයයි.

ආශ්වාදය

දැන් හිතලා බලන්න... අපි හැමෝම රූපයට ඇලෙනවා. විඳීම, හඳුනාගැනීම ප්‍රියකරනවා, චේතනා පහළ කරගනිමින් රසවත්ව ඇලෙනවා. විඤ්ඤාණය කෙරෙහි ඇලෙනවා. මේක තමයි 'ආශ්වාදය' කියලා කියන්නේ. ධර්මය දන්නා අය මේවා දුකක් බව හොඳාකාරවම දැනගෙනත් ඒවායේ ඇලෙන්නේ ආශ්වාදය නිසයි. ආශ්වාදයක් නැති දෙයක් කෙරෙහි අපි කැමැත්තෙන් ඇලෙන්නේ නැහැ. ඒ නිසා ආශ්වාදය ගැන තේරුම්ගැනීමට අප කල්පනාකාරී විය යුතුයි.

ආදීනවය

නමුත් මේ ආශ්වාදයක් තියෙන දේවල්ම අපට කොයි මොහොතක හරි එපා වෙනවා. ඒ එපා වෙන්නේ, වෙනස් වීම නිසා හෝ විනාශ වීම නිසයි. එහෙම නැත්නම් අපට ඕන විදිහට පැවැත්විය නොහැකි වීම නිසයි. ඒ වෙලාවට ආශ්වාදයෙන් ඇලුණු දේම අපට මහා පීඩාවක්, දුකක් ගෙන දෙනවා. ඒක තමයි පංච උපාදානස්කන්ධයන්ගේ ආදීනවය. බුදුරජාණන් වහන්සේ පෙන්වා දෙනවා මෙහි ආදීනවයක් නැතිවුණා නම් මනුෂ්‍යයාට එපා වීම කියලා දෙයක් කවදාවත්ම ඇති නොවන බව. ආදීනව තියෙන නිසයි එපා වෙන්නේ. නමුත් මනුෂ්‍යයා ආයෙම ඒ එපා වුණු දේටම ඇලෙනවා. ආයිම එපා වෙනවා. ආයිම ඇලෙනවා. මේ නිසා තමයි අපිව සංසාරයේ මේ තරම් දුරක් ආවේ. එහෙනම් ආදීනවය ගැනත් හොඳින් තේරුම් ගත යුතුයි.

නිස්සරණය.

නිස්සරණය කියන්නේ ඡන්දරාගය අත්හැරීමටයි. පංච උපාදානස්කන්ධයන් කෙරෙහි කැමැත්තෙන් ඇලෙන ස්වභාවය සිතක තියෙනවා. යථාර්ථය අවබෝධ වීමෙන් කැමැත්තෙන් ඇලෙන ස්වභාවයෙන් මිදුණු ගමන් එතැන නිස්සරණය තියෙනවා.

මේ කැමැත්තෙන් ඇලෙන ස්වභාවයෙන් මිදීම තමයි අමාරුම දේ වෙන්නේ. මොකද අපේ සිතේ ස්වභාවය නම්... එපා වෙන බව දැනදැනත් ඒ කෙරෙහි ආශ්වාදයෙන් ඇලීමයි. 'මම' කියන හැඟීම නිසයි එහෙම වෙන්නේ.

මිනිසුන්ගේ ආශාවල් හරි පුදුමයි. මිසරයේ පිරමීඩවල තියෙනවා රත්තරන් කොපුවල දාපු මෘත ශරීර. 'නිත්‍යයි' කියන සංකල්පය තුළ දිගටම පවත්වන්නට හැකියි කියා සිතීම නිසයි ඒ වගේ දේවල් කරන්නේ. අප්‍රිකානු රටවල ශක්ති සම්පන්න මනුෂ්‍යයෙක් මැරුණහම කුණුවෙන්න අරිනවා. ඊට පස්සේ එයාගෙ පපුව ඇතුළට ගස්ලබු බට දාලා ඕජස් උරලා බොනවා, ශක්තිය ලබා ගන්න කියලා. ශක්තිය ලබා ගන්න තියෙනවා නම් ඕන එකක් කරන්නට මිනිස්සු ලෑස්තියි. තෘෂ්ණාවේ හැටි එහෙම තමයි.

සදහටම නිදහස් වීම...

"භාග්‍යවතුන් වහන්ස, එසේ නම් මේ සියල්ලෙන් ගෙන්ම නිදහස් වෙන්නේ කොහොමද?"

"පින්වත් භික්ෂුව, අධ්‍යාත්ම වූ ද, බාහිර වූ ද,

ගොරෝසු වූ ද, සියුම් වූ ද, හීන වූ ද, ප්‍රණීත වූ ද, දුර හෝ සමීපයෙහි හෝ, අතීත, අනාගත, වර්තමානයෙහි යම් රූපයක් ඇද්ද, යම් විඳීමක් ඇද්ද, යම් හඳුනාගැනීමක් ඇද්ද, යම් චේතනාවක් ඇද්ද, යම් විඤ්ඤාණයක් ඇද්ද ඒ සියල්ලම 'මම නොවේ, මගේ නොවේ, මගේ ආත්මය නොවේ' යයි විදර්ශනා ඥාණයෙන් දකින කෙනා සියලු අනුසය ධර්මයන් දුරු කරමින් නිර්වාණයට පැමිණෙනවා.

සියලු කෙලෙස් දුරු කරමින් විමුක්තිය කරා...

කාලය හා අවකාශය තුළ පවතින පංච උපාදානස්කන්ධයේ යථාර්ථය දකින විට සියලුම රාග අනුසය දුරුකරමින්, පටිඝ අනුසය දුරු කරමින්, 'මමය, මාගේය, මගේ ආත්මයයි' කියන මානය ඉවත් කරමින්, අවිද්‍යාව ප්‍රහාණය කොට විද්‍යාව උපදවාගෙන ඉතා ඉක්මණින්ම සසර දුකින් මිදෙන බව බුදුරජාණන් වහන්සේ පෙන්වා දෙනවා. (අනුසය කියන්නේ යටපත් වී ඇති කෙලෙස් වලටයි)

ධර්මය නොතේරෙන නිසයි මේ ගැටළු...

මේ ආකාරයට තිවන් දොර සම්පූර්ණයෙන්ම විවර කරලා දෙන අතරේදී මෙතැන හිටපු තවත් භික්ෂූන් වහන්සේ නමකට මෙහෙම හිතුණා,

ශාස්තෘත්වය ඉක්මවා ගියා...

"රූපයට ආත්මයක් නැතිලු... විඳීමට ආත්මයක් නැතිලු... හඳුනාගැනීමටත් ආත්මයක් නැතිලු... චේතනාවට, විඤ්ඤාණයටත් ආත්මයක් නැතිලු... එහෙම නම් මේ අනාත්මයක් තුළ ඉඳගෙන රැස් කරන ලද කර්ම

මොන ආත්මයකද විපාක දෙන්නේ?"

මේ ස්වාමීන් වහන්සේට ඇතිවෙච්ච මේ සිතුවිල්ල දැනගත් බුදුරජාණන් වහන්සේ මෙහෙම ප්‍රකාශ කරනවා,

"අවිද්‍යාවෙන් තෘෂ්ණාවෙන් යුතුව සිතීම නිසා, මේ ධර්මය නුවණ නැති අයට වටහාගන්නට අමාරුයි. ඔවුන්ගේ අනුවණකම තමන්ටත් අනුන්ටත් හානි ගෙන දෙනවා."

ධර්මයෙහි අදක්ෂකම නිසයි අදටත් වරදින්නේ...

මේ ආකාරයේ අය අදටත් බොහොම ඉන්නවා. ඒ අයට ශ්‍රී සද්ධර්මය අවබෝධ කරගන්න තරම් නුවණක් නැහැ. තමන්ට තේරෙන සීමාවේ සිට බුදුරජාණන් වහන්සේටත් ඉහළින් තමන්ගේ මතය පතුරවන්න හදනවා. සමහරෙකුට නිවන කරා යන ධර්මය තේරෙන්නෙ නැති නිසා 'නිවන' ගැන කතා කරනවටත් විරුද්ධයි. 'ගිහි ජීවිතය ගත කරන අයට නිවන කරා යන ධර්මය වැඩක් නැහැ' කියලා කියනවා. සමහරු කිසිම ධර්මයක් නොදැන, තමන්ගේ සිතින් මවා ගත් මිථ්‍යා දෘෂ්ටීන් ධර්මයට ගලපමින් පතුරවනවා. මේ සියල්ලම අනුවණකම නිසයි. බුදුරජාණන් වහන්සේගේ හැම සූත්‍ර දේශනාවකම තියෙන්නේ සතර සතිපට්ඨානයයි. නිවන් මාර්ගයට පිටින් කිසිම සූත්‍ර දේශනාවක් බුදුරජාණන් වහන්සේ දේශනා කර නෑ.

අර්හත්වයට පත්වෙන්න...

ධර්මය නොතේරුම්කම නිසා, ධර්මයෙහි අදක්ෂකම නිසා මුලා වුණු ඒ ස්වාමීන් වහන්සේට

බුදුරජාණන් වහන්සේ තවදුරටත් මේ පිළිබඳව පහදා දුන්නා.

"මහණෙනි, රූපය නිත්‍යද අනිත්‍යද?"

"අනිත්‍යයි ස්වාමීනි"

"යමක් අනිත්‍ය නම් එය දුකද, සැපද?"

"භාග්‍යවතුන් වහන්ස, එය දුකක්."

"යම් රූපයක් අනිත්‍ය නම්, දුක නම්, තමාට වුවමනා විදිහට පවත්වන්නට බැරි නම්, එය 'මමය, මාගේය, මට අවශ්‍ය ආකාරයට පැවැත්වීමට හැකිය' කියා සිතීම හරිද, වැරදිද?"

"ස්වාමීනි, එය වැරදියි. එහෙම හිතුවොත් මුලාවක්."

"ඒ ආකාරයටම වේදනාව, සංඥාව, සංස්කාරය, විඤ්ඤාණය ද අනිත්‍යයි. අනිත්‍ය දේ දුකයි."

"මේ කිසිවක් තමාගේ වසඟයේ පැවැත්විය හැකි වෙන්නෙ නැහැ."

ස්වාමීන් වහන්සේලා හැට නමක් රහත් වුණා...

එහෙනම් රූපය, වේදනාව, සංඥාව, සංස්කාර, විඤ්ඤාණය යන සියල්ල 'මමය, මාගේය, මාගේ ආත්මය' යයි සිතීම මුලාවක්. ඒ නිසා අතීතයේ හටගත්තා වූ, වර්තමානයේ හටගෙන තිබෙන, අනාගතයේ තවම හට නොගත්තා වූ, තමා තුළ, තමාගෙන් බාහිර, ගොරෝසු-සියුම්, යහපත්-අයහපත් දුර-ළඟ ඇති රූපයක්, විඳීමක්, හඳුනාගැනීමක්, චේතනාවක්, විඤ්ඤාණයක් 'මම

නොවේ, මගේ නොවේ, මගේ ආත්මය නොවේ' යයි නුවණින් දැකිය යුතු වෙනවා. විදර්ශනාව වඩන කෙනාට රූපය එපා වෙනවා. විඳීම එපා වෙනවා, හඳුනාගැනීම එපා වෙනවා. චේතනා ඇතිවීම, සිත හටගැනීම එපා වෙනවා. සියලු සංස්කාරයන්හි කලකිරෙනවා. සියලු දේ අත්හරිමින් සසරින් මිදෙනවා. උතුම් වූ අර්හත්වයට පත්වෙනවා.

භාග්‍යවත් බුදුරජාණන් වහන්සේ විසින් මහා කරුණාවෙන් වදාරණ ලද මේ මිහිරි ශ්‍රී සද්ධර්මයට සවන් දුන් ඒ පින්වත් ස්වාමීන් වහන්සේලා හැට නමම ඒ මොහොතේම උතුම් වූ අරහත්වයට පත්වුණා.

ඉතින් පින්වතුනි, අපටත් මේ උතුම් ශ්‍රී සද්ධර්මය අවබෝධ කරගැනීමේ භාග්‍යය වහ වහා උදාවේවා.!

සාදු! සාදු!! සාදු!!!

මහාමේඝ ප්‍රකාශන

● **ත්‍රිපිටක පොත් වහන්සේලා :**

01. **මජ්ඣිම නිකාය 1 කොටස**
    (මූල පණ්ණාසකය)
02. **සංයුත්ත නිකාය 1 කොටස**
    (සගාථ වර්ගය)
03. **සංයුත්ත නිකාය 2 කොටස**
    (නිදාන වර්ගය)
04. **ඛුද්දක නිකාය 1 කොටස**
05. **ඛුද්දක නිකාය 2 කොටස**
    (විමාන වත්ථු , ප්‍රේත වත්ථු)
06. **සංයුත්ත නිකාය 3 කොටස**
    (ඛන්ධක වර්ගය)
07. **දීඝ නිකාය 1 කොටස**
    (සීලස්කන්ධ වර්ගය)
08. **සංයුත්ත නිකාය 4 කොටස**
    (සළායතන වර්ගය)
09. **අංගුත්තර නිකාය 1 කොටස**
    (ඒකක, දුක, තික නිපාත)
10. **මජ්ඣිම නිකාය 2 කොටස**
    (මජ්ඣිම පණ්ණාසකය)
11. **මජ්ඣිම නිකාය 3 කොටස**
    (උපරි පණ්ණාසකය)

● **සදහම් ග්‍රන්ථ :**

01. කියන්නම් සෙනෙහසින් මිය නොයන් හිස් අතින්
02. තෝරාගනිමු සැබෑ නායකත්වය
03. පැහැදිලි ලෙස පිරිසිදු ලෙස දෙසූ සේක සිරි සදහම්
04. දම් දියෙන් පණ දෙව් විමන් සැප
05. බුදුවරුන්ගේ නගරය
06. සයුර මැද දූපතක් වේ ද ඔබ...?
07. ගිහි ගෙයි ඔබ ඇයි?
08. ඔබේ සිත සමග පිළිසඳරක්
09. මෙන්න නියම දේවදූතයා
10. ආදරණීය වදකයා
11. සයුරේ අසිරිය ධර්මයේ
12. විෂ නසන ඔසු
13. සසරක ගමන නවතන නුවණ
14. විස්මිත හෙළිදරව්ව
15. දිළිසෙන සියල්ල රත්තරන් නොවේ
16. අනතුරින් අත්මිදෙන්නට නම්...
17. අතරමං නොවීමට...
18. සුන්දර ගමනක් යමු
19. කවදා නම් අපි නිදහස් වෙමුද?
20. ලෙඩ දුක් වලින් අත්මිදෙන්නට නම්...
21. ලෝකය හැදෙන හැටි
22. යුද්ධයේ සුළමුල
23. රහතන් වහන්සේ මරණින් මතු ඇත නැත
24. නුවණැස පාදන සිරි සදහම්
25. මරණය ඉදිරියේ අසරණ නොවීමට නම්
26. අපේ නව වසර බුද්ධ වර්ෂයයි
27. පිරුවානා පොත් වහන්සේ
28. හේතුවක් නිසා
29. අවබෝධ කළ යුතු ධර්මය මෙයයි
30. සැබෑ බිරිඳ කවුද?
31. පහන් සිළ නිවෙන ලෙස පිරිනිවී වැඩි සේක
32. සසරට බැදෙමුද සසරින් මිදෙමුද?
33. රහතුන්ගේ ධර්ම සාකච්ඡා
34. සැබෑ දියුණුවේ රන් දොරටුව
35. බලන් පුරවරක අසිරිය
36. මමත් සිත සමාහිත කරමි බුදු සමිඳුනේ...
37. එළිය විහිදෙන නුවණ
38. සැබෑ ශ්‍රාවකයා ඔබ ද?
39. අසිරිමත් ය ඒ භාග්‍යවතාණෝ...
40. නුවණැත්තෙක් වෙන්නට නම්
41. බුද්ධියේ හිරු කිරණ
42. නිවන්නට භව ගිමන් දෙසූ සදහම් ගිමන්
43. සිතට සුවදෙන භාවනා
44. ඒ භාග්‍යවතුන් වහන්සේගේ ශ්‍රාවකයා වෙමි මම
45. සසරක රහස
46. නුවණින් ලොව එළිය කරනා මහා ඉසිවරයාණෝ
47. ස්වර්ණමාලී මහා සෑ වන්දනාව
48. සොඳුරු හුදෙකලාව

49. මඟ හොඳට තිබේ නම්...
50. මගේ ලොව හිරු මඬල ඔබයි බුදු සමිඳුනේ
51. නුවණැත්තන් හට මෙලොවේ - දකින්ට පුළුවනි සදහම්
52. සිත සනසන අමා දහම්
53. අසිරිමත් සම්බුදු නුවණ
54. ගෞතම සසුනේ පිහිට ලබන්නට...
55. බුදුරජාණන් වහන්සේ කුමක් වදාළ සේක් ද?
56. පින සහ අවබෝධය
57. සැබෑ බසින් මෙම සෙත සැලසේවා
58. සැපයක්ය එය නුඹට - සැනසෙන්න මෙත් සිතින්
59. අසත්‍යයෙන් සත්‍යයට...
60. කවුරුද ලොව දැකගත්තේ - ඒ සම්බුදු සිරි සදහම්
61. පිරිනිවුණි ඒ රහත් මුනිවරු
62. බාධා ජයගත් මගමයි යහපත්
63. භව පැවැත්මේ සැබෑ ස්වභාවය
64. සුගතියට යන සැලැස්මක්
65. පින් මතුවෙන වන්දනා
66. බුදුමුවින් ගලා ආ - මිහිරි දම් අමා දුන්
67. ශ්‍රී සම්බුද්ධත්ව වන්දනා
68. යළි යුගයක් ආවා ලොව සම්බුදු
69. පිනක මහිම
70. බුදු නෙතින් දුටු හෙට දවසේ ලෝකය

● සදහම් සිතුවම් පොත් පෙළ :

01. ඡත්ත මාණවක
02. බාහිය දාරුචීරිය මහරහතන් වහන්සේ
03. පිණ්ඩෝල භාරද්වාජ මහරහතන් වහන්සේ
04. සුමන සාමණේර
05. අම්බපාලී මහරහත් තෙරණියෝ
06. රට්ඨපාල මහරහතන් වහන්සේ
07. සක්කාර නුවර මසුරු කෝසිය
08. කිසාගෝතමී
09. උරුවේල කාශ්‍යප මහරහතන් වහන්සේ
10. සංකිච්ච මහරහතන් වහන්සේ
11. සුප්පබුද්ධ කුෂ්ඨ රෝගියා
12. බුද්ධ දිවාකරයාණෝ
13. සුමන මල් වෙළෙන්දා
14. කාලි යක්ෂණී

● මහාමේඝ මාසික පුවත් සඟරාව